*Ja, anderswo singt früh be*
*man seine Liedchen und Balladen,*
*und seine Verse hört man segnen,*
*schon um dem Stumpfsinn zu begegnen.*
*Nur nicht in Deutschland – und mit Ärger*
*sah dies Hans Magnus Enzensberger.*
*Er nahm sich vor, in seinem Herzen,*
*ihn hierzulande einzuschwärzen*
*wie einen blinden Passagier,*
*den großen Dichter Edward Lear!*

*Ihr habt noch nie von ihm gehört?*
*Wie gut, daß ihn das gar nicht stört,*
*und daß ihn das auch nicht verwundert.*
*Geboren ist er Achtzehnhundert*
*und zwölf, gestorben achtundachtzig,*
*und seitdem ist er tot und macht sich*
*aus seinem Ruhm als Nonsense-König*
*ganz über alle Maßen wenig.*
*Nun ist er unser! euer! ihr!*
*der große Dichter Edward Lear!*

# *Edward Lears Kompletter Nonsens*

Ins Deutsche geschmuggelt von
Hans Magnus Enzensberger
Insel Verlag

Zweite Auflage 1977

Satz: LibriSatz, Kriftel/Ts.
Druck: Nomos Verlagsgesellschaft,
Baden-Baden
Printed in Germany
ISBN 3-458-05048-5

# *Edward Lears Kompletter Nonsens*

Darf ich vorstellen? Mr. Lear,
der so komische Sachen schrieb!
Seine Miene ist mürrisch und stier,
doch er selbst ist beschaulich und lieb.

Sein Betragen ist heikel und häuslich,
seine Nase ist üppig, doch zart,
sein Gesicht ist bemerkenswert scheußlich,
einem Vogelnest ähnelt sein Bart.

Zehn Finger, zwei Augen, zwei Ohren
verzieren sein morsches Skelett.
Seine Stimme hat er verloren.
Wie schade um sein Falsett!

Er thront in bescheidener Gala,
belesen, beschuht und beschlipst.
Er trinkt eine Menge Marsala,
und doch ist er niemals beschwipst.

Er zieht, wenn ihn Freunde besuchen,
den Zylinderhut von der Stirne.
Seine Katze frißt Eierkuchen.
Sein Leib hat die Form einer Birne.

Er trägt einen schneeweißen Mantel.
Das nimmt man gelegentlich krumm.
Es ist immer dasselbe Gegrantel:
»Der läuft ja im Nachthemd herum!«

Er seufzt auf den Meeresklippen,
und er seufzt im ewigen Schnee.
Er kauft sich Salben und Schrippen
und Schokolade-Gelee.

Er spricht Spanisch, doch nur, wenn es regnet.
Er verabscheut lauwarmes Bier.
Ach, Sie sind ihm noch niemals begegnet?
Darf ich vorstellen? Mr. Lear!

# I

# *Sieben Lieder*
# *und*
# *Balladen*

*Die Schuggelkinder*

1

Sie schuggelten hin durch Nacht und Wind,
so schuggelten sie zur See:
auf einem Sieb, bei Sturm und Eis,
stillvergnügt und naseweis
schuggelten sie zur See.
Ihr Sieb, das wirbelte wild im Kreis:
»Paßt auf, es sinkt, und ihr ertrinkt!« –
»Und wird das Sieb auch manchmal naß,

was kümmert und was schiert uns das?«
Und so schuggelten sie zur See.

Doch warum waren sie so kühn?
Was ist's, das sie zum Schuggeln trieb?
Ihre Hände sind blau, ihre Köpfe sind grün,
und sie schuggelten auf dem Sieb.

2

Sie schuggelten auf dem Sieb fürbaß,
sie schuggelten sanft im Wind.
Ein Tabakspfeifchen war ihr Mast,
und ihr Segel war aus grünem Bast,
und sie schuggelten fort geschwind.
Und wer sie sah, der rief: »O weh!
Das geht nicht gut auf hoher See,
denn es wird Nacht, die Zeit verrinnt,
es ist gefährlich, so geschwind
zu schuggeln auf einem Sieb!

Doch warum sind sie denn so kühn?
Ist ihnen nicht ihr Leben lieb?«

Ihre Hände sind blau, ihre Köpfe sind grün,
und sie schuggelten auf dem Sieb.

3

Sie schuggelten, und sie wurden naß,
 sie schuggelten auf dem Sieb.
Sie wickelten sich die Füße ein
in Packpapiere bunt und fein,
 und sie nahmen gern vorlieb
mit einem Honigtopf als Bett,
darinnen war es warm und nett.
»Zwar wird es Nacht, die Zeit verrinnt,
zwar wirbelt unser Sieb im Wind,
 doch schuggeln wir ruhig fürbaß.«

Und warum waren sie so kühn?
Weil keine Wahl den Schugglern blieb.
Ihre Hände sind blau, ihre Köpfe sind grün,
und sie schuggelten auf dem Sieb.

4

Sie schuggelten durch die tiefe Nacht,
    sie schuggelten ohne Ruh.
Und im Mondenschimmer bleich und weiß
sangen sie laut und pfiffelten leis:
    »Zwar wissen wir nicht wozu,
doch wir sitzen im Sieb, und wir halten Wacht,
und im Schuggeln haben wir's weit gebracht.
Mit unserm Segel aus grünem Bast
schuggeln wir ohne Ruh und Rast.«
    Und sie schuggelten immerzu.

Doch warum sind sie denn so kühn?
Was wohl die wilden Schuggler trieb?
Ihre Hände sind blau, ihre Köpfe sind grün,
und sie schuggelten auf dem Sieb.

5

Sie schuggelten her und sie schuggelten hin,
    sie schuggelten übers Meer.
In Buppelruzien kauften sie ein
Queckenbier und Stachelbeerwein,

und sie süffelten kreuz und quer.
Auch kauften sie Mus und Löwenzahn
und Krabbelaffen aus Marzipan,
einige Meter Bienenstich,
und sie naschten und löffelten lästerlich,
und sie löffelten alles leer.

Doch warum fraßen sie so kühn?
Was wohl die wilden Schuggler trieb?
Ihre Hände sind blau, ihre Köpfe sind grün,
und sie schuggelten auf dem Sieb.

6

Sie schuggelten kreuz und sie schuggelten quer,
und sie lebten in Saus und Braus.
Doch nach zwanzig Jahren hatten sie's satt,
denn sie fühlten sich müde und fühlten sich matt,
und so schuggelten sie nach Haus.
War das ein Jubel! War das eine Pracht!
Und so mancher Mann hat sich damals gedacht:
Ach, wär ich auch so ein Schuggelkind
und wirbelte auf einem Sieb im Wind
und schuggelte weit hinaus!

Doch warum waren sie denn so kühn?
Was war's, das sie zum Schuggeln trieb?
Ihre Hände sind blau, ihre Köpfe sind grün,
und sie schuggelten auf dem Sieb.

*Die Ente und das Känguruh*

1

Es sprach die Ente zum Känguruh:
»Mein Gott, wie hoch du hüpfst!
Wie überaus behende du
die Hinterbeine lüpfst!
Ach ja, mein Leben ödet mich an.
Wie schade, daß ich nicht hüpfen kann.
O könnt' ich hüpfen, so wie du!«
sprach die Ente zum Känguruh.

2

»Ich ritte gern den ganzen Tag«,
    sprach die Ente zum Känguruh,
»und säße im Sattel und riefe ›Quak‹.
    Auf deinem Rücken käm ich im Nu
nach Kropolis und Samarkand.
Du trügst mich über Wasser und Land,
    und wir ritten und ritten immerzu«,
    sprach die Ente zum Känguruh.

3

Da sprach das Känguruh zur Ente:
»Die Reise würd' ich gerne wagen,
doch gibt es Gegen-Argumente;
zum Beispiel – darf ich's offen sagen? –
sind deine Füße kalt und naß.
Wie leicht zög ich mir Ischias
und Beutel-Rheumatismus zu!«
sprach zur Ente das Känguruh.

4

Da strickte die Ente kurzerhand
    sich vier Paar wollene Socken
und sprach: »Ich finde sie elegant,
    und sie halten mich vollkommen trocken.
Und außerdem werd' ich mir überziehn
einen Regenmantel aus Gabardine
    und an jedem Fuß einen Gummischuh,
    dir zuliebe, o Känguruh!«

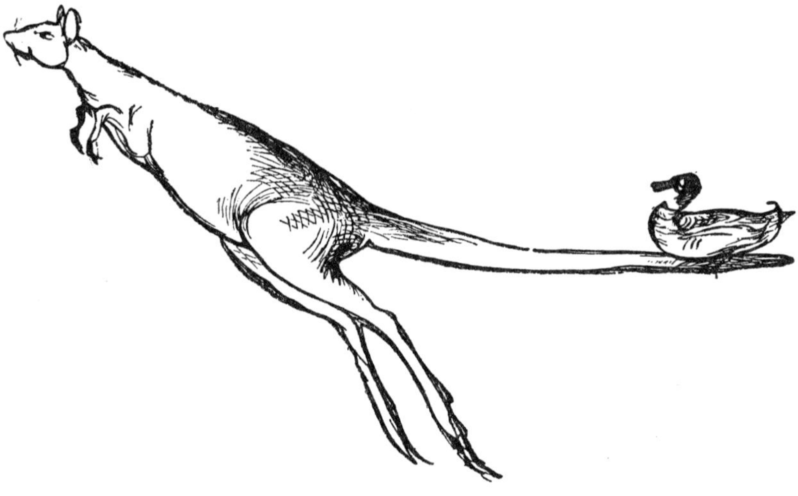

5

Da sprach das Känguruh: »Wohlan!
  Steig auf! Doch bitte sitze,
damit ich balancieren kann,
  auf meines Schwanzes Spitze!«
Und sie hüpften davon durch Wald und Feld
und sie hüpften rund um die ganze Welt.
  »Niemand hüpft so heiter wie du«,
  sprach die Ente zum Känguruh.

*Die Fliege und der Schnak*

1

Es fehlt Herrn Daddy Langbein
durchaus nicht an Geschmack.
Er trägt an Sommertagen
einen beigen Frack,
und auf der Promenade
bewundert er galant
Fräulein Grummelflieges
blau-goldenes Gewand.
»Ich hätt' Sie, meine Beste«,
spricht er mit großer Geste,
»fürs Leben gern verlocket
zu einem Spielchen Krocket!«

2

Doch nach der ersten Runde
bedauert er diskret,
daß Fräulein Grummelfliege
die Große Welt verschmäht.
»So reizend und gebildet,
so chic in Blau und Gold,
wär Ihnen ohne Zweifel
das Glück bei Hofe hold.
Bemühn Sie sich zum nächsten Lenz
um eine Einzel-Audienz!
Sie reißen Majestät ganz hin,
so wahr ich Daddy Langbein bin!«

3

Doch nach der zweiten Runde
sprach Fräulein Grummelfliege:
»Ich will ganz offen reden,
obgleich ich lieber schwiege.
Die Freuden der Gesellschaft
sind mir durchaus nicht schnurz;
nur leider! meine Beine

sind unbeschreiblich kurz.
Wie gern ging ich bei Hofe
zum königlichen Schwofe,
wenn ich, wie Sie, sechs nette
charmante Beine hätte!«

4

»Ach«, sprach die Grummelfliege
(man zählt' die dritte Runde),
»ich wünschte mir, Sie sängen
ein Lied aus vollem Schlunde,
so, wie dereinst Sie sangen,
mit schmelzendem Gesumm.
Mein lieber Daddy Langbein,
warum sind Sie so stumm?
Man vermißt den süßen Schall,
man beschwert sich überall!
Seit der Schnakensänger schwieg,
ist verschollen die Musik.«

5

Und als die vierte Runde
noch nicht zu Ende war,
da krächzte Daddy Langbein:
»Ist das nicht sonderbar?
Je länger meine Beine,
je trockener mein Mund.
Ich huste und ich spucke.
Ich komme auf den Hund!
Leider müssen Sie entbehren«,
rief er unter heißen Zähren,
»liebe Freundin, meine Lieder,
denn sie kehren niemals wieder.«

6

Da ließen Daddy Langbein
und Fräulein Grummelfliege
die Krockethämmer sinken,
bis daß ihr Gram versiege.
»Was soll uns Samt und Seide?
Was soll uns dieses Krocket,
wenn uns vor lauter Kummer

der Lebensatem stocket?«
Die eine litt gar bittre Pein,
denn allzukurz geriet ihr Bein.
Dem andern ward sein Bein zu lang,
und es verschlug ihm den Gesang.

7

Da sprach Herr Daddy Langbein,
und das war ziemlich klug:
»Mein liebes Fräulein Fliege,
genug des Grams! Genug!
Ich lade Sie zum Frühstück
auf meine kleine Yacht,
die ist aus Honigkuchen
und Blätterteig gemacht.

Wir stechen heute noch in See
und nehmen Kurs auf Butzibee;
dort aber spielen wir behende
unser Krocket-Spiel zu Ende.«

*Der Kauz und die Katze*

1

Der Kauz fuhr mit der Katze zur See
in einem moosgrünen Nachen,
mit Honig beladen, mit Pflaumenrouladen
und anderen guten Sachen.
Es brachte der Kauz ein Ständchen dar
der Katze auf seiner Gitarren.
»Ich liebe dich rasend, mit Haut und Haar«,
so hört' man ihn jaulen und schnarren.
Und wenn's dich nicht graut«,
frohlockte er laut,
»denn wirst du heute noch meine Braut!«

2

Darauf sprach die Katze zum Kauze:
»Dein hochelegantes Gefieder –
entschuldige mich, wenn ich mauze! –
betört mich, wie deine Lieder.
Doch gesetzt, ich werde dein Frauchen,
so ist es ein Fingerring, köstlich und fein,
was wir jetzt unbedingt brauchen.
Durch reinen Zufall weiß ich ein Schwein
auf den Äußern Hebritzen,
das hat einen sitzen,
einen Ring an der Nasenspitzen.«

3

Sie fragten das Schwein im Hebritzenland
unter allgemeinem Gekicher:
»Ist dein Ring zu haben für milde Gaben?«
Das Ferkel sprach: »Aber sicher!«
Der Truthahn hat die beiden getraut
mit fürchterlichem Geschnatter.
Da schnurrte vor Vergnügen die Braut
und schmuste mit dem Gevatter:
»Küß mich, mein Käuzchen,
küß mich aufs Schnäuzchen,
gleich macht der Herr Pfarrer sein Kreuzchen!«

## *Tisch und Stuhl*

1

Neulich sprach der Stuhl zum Tische:
»Hier in dieser Zimmernische
– das sagt mir mein Feingefühl –
ist es ungewöhnlich schwül.
Deshalb, finden Sie nicht auch,
sollten wir, nach altem Brauch,
froh hinaus ins Freie wandern
und, zusammen mit den andern,
eilen in die Sommerfrische.«
Also sprach der Stuhl zum Tische.

2

Darauf sprach der Tisch zum Stuhle:
»Ach, Sie plaudern aus der Schule!

Wenn wir solchen Träumen frönen,
wird man uns auch noch verhöhnen.
Denn es ist ja schwer zu leugnen,
daß wir uns zum Gehn nicht eignen.«
Doch der Stuhl versetzte rügend:
»Beine haben wir genügend,
und es ist nicht einzusehen,
warum wir denn nicht einfach gehen!«

3

Alsbald machten sie sich humpelnd,
übers Straßenpflaster rumpelnd,
auf, und hüpften herzbewegend
heiter durch die ganze Gegend,
bis am Ende die verwirrten
Möbelstücke sich verirrten

und sich hilfesuchend wandten
an drei reizende Passanten:
Ente, Käfer, Haselmaus
brachten sicher sie nach Haus.

4

Stuhl und Tisch in trautem Bunde
riefen wie aus einem Munde:
»Wandern macht auf Schritt und Tritt
unerhörten Appetit!«
Und sie luden ein zum Schmaus
Käfer, Ente, Haselmaus.
Nach dem Essen traf die ganze
Clique sich zum Freudentanze:
Möbel sah man, neben Tieren,
auf dem Kopfe balancieren.

## *Das Kranken-ABC*

A rutschte aus, und brach den ARM, und schrie vor ANGST und Wut.
B sprach: »Das ist ein BRAVES Kind! Das BRÜLLEN tut ihm gut!«
C bot ihm kalten CAFFEE an, und CHOCOLADEN-CREME.
D schrie: »Hier muß ein DOKTOR her! Seid doch nicht so bequem!«
E meinte: »ETWAS EIERSCHNEE, das stellt ihn wieder her.«
F riet: »Ein FAULER FISCH, der nützt in solchen FÄLLEN mehr.«
G brachte vor: »Mit GÄNSESCHMALZ erholt man sich GESCHWIND.«
H rief: »HOLT einen HUT, denn sonst erkältet sich das Kind!«
I hielt ein weiches INLETT für die rettende IDEE.
J sagte: »Dieser JUNGE braucht JOHANNISBEER-Gelee.«
K widersprach: »Was er sich wünscht, das ist ein KÄNGURUH.«
L zündete ein LÄMPCHEN an und zog die LÄDEN zu.
M fragte ihn, ob er vielleicht MELISSENZUCKER bräuchte.
N grunzte, daß ihn eine NUSS das Allerbeste däuchte.

O glaubte, OHNE ORGELSPIEL sei hier nichts auszurichten.
P schlug ein anderes Mittel vor: POETISCHE Geschichten.
Q wiederum empfahl ein Mus aus frisch geQUIRLten
QUITTEN.
R schrie aus vollem Hals: »Zuerst muß ich um RUHE bitten!«
S aber sang: »Im Gegenteil! Nur SINGSANG kann ihn
retten.«
T seufzte still: »Mit TRÄNEN, seht! benetze ich die Betten.«
U hoffte, alles werde gut, wenn man ihm UNKEN zeige.
V wollte, daß man unverwandt auf VIOLINEN geige.
W rief nach WARMEM WHISKY für des schwer Blessierten
Durst.
X trachtete zum X-ten Mal nach einer X-tra-Wurst.
Y hätt' am liebsten ihn mit YSOPKRAUT kuriert.
Z holte ein ZIBEBENFASS und rief: »Hereinspaziert!
Und dann den Deckel drauf, mein Freund! Wir drücken
dich jetzt platt!
Wir haben dein Gewimmer und dein Zetern nämlich satt!«

## *Der Hadschi von Qass*

Wer, oder wo, oder wie, oder was ist der Hadschi von Qass?

Ist er fett oder schlank? Ist er frisch
oder tot?
Hat er zwei Ohren, riesig und rot, oder BLASS,
der Hadschi von Qass?
Pfeift er abscheuliche Lieder vor?
Oder singt er Fistel, oder Tenor, oder BASS,
der Hadschi von Qass?
Ist ihm das Leben ein Hochgenuß?
Machen ihm Hühneraugen Verdruß, oder SPASS,
dem Hadschi von Qass?
Rollt er die Augen und sagt kein Wort?
Fährt er an Weihnachten
heimlich fort ohne PASS,
der Hadschi von Qass?
Frißt er heimlich Limburger Käs,
oder logiert er standesgemäß im PALACE,
der Hadschi von Qass?

Hat er Zigarrenkisten voll Geld?
Gibt's ihn nur einmal auf dieser Welt, oder en MASSE,
den Hadschi von Qass?

Will er stets mit dem Kopf durch
die Wand?
Lebt er vielleicht in Griechenland, auf dem PARNASS,
der Hadschi von Qass?

Watschelt er oft wie ein Pinguin?
Nimmt er alles genau,
oder ist auf ihn kein VERLASS,
auf den Hadschi von Qass?

Und warum kommt er oft zu
keinem Entschluß?
Leidet er etwa an Hexenschuß, oder ISCHIAS,
der Hadschi von Qass?

Ist er glatzig und kahl oder lockig
und kraus?
Spielt er gern die Herzdame aus, oder das AS,
der Hadschi von Qass?

Warum runzelt er manchmal
die Stirn?
Ißt er lieber Kartoffeln als Birn, oder ANANAS,
der Hadschi von Qass?

Ist er ein Eskimo, oder ein Mohr?
Zwickt er Neffen und Nichten
ins Ohr ohne UNTERLASS,
der Hadschi von Qass?

Ist ihm denn alles einerlei,
oder liest er begeistert Karl May, oder GRASS,
der Hadschi von Qass?

Ist seine Frau verbittert und alt?
Badet er lauwarm, heiß oder kalt in einem FASS,
der Hadschi von Qass?

Wie kommt er eigentlich zu seinem
Ruhm?
Verdankt er etwa sein Fürstentum einem ERLASS,
der Hadschi von Qass?

Meint er's mit seinen Kindern gut,
oder haut er sie, rasend vor Wut, oder HASS,
der Hadschi von Qass?

Vielleicht geht er überhaupt nie ins
Bett?
Und wie benimmt er sich? Höflich
und nett, oder KRASS,
der Hadschi von Qass?

Trägt er ein Nachthemd aus feinstem
Brokat?
Oder schläft er, als alter Soldat, im KÜRASS,
der Hadschi von Qass?

Kommt er geritten auf einem
Schwein?
Oder hüpft er lieber auf einem Bein FÜRBASS,
der Hadschi von Qass?

Wer weiß, ob er schnarcht, oder
keucht, oder niest?
Und wenn es tröpfelt, schneit,
oder gießt, wird er dann NASS,
der Hadschi von Qass?

Fängt er Fliegen bei Kerzenlicht?
Oder kommt ihm am Ende dieses
Gerücht ZUPASS,
dem Hadschi von Qass?

Er ist und bleibt, ich weiß wirklich
nicht was.
Das weiß kein Mensch, kein
Mensch weiß das, als der Hadschi von Qass.

(Wer diese Verse richtig lesen will, der muß die Reimwörter, die groß geschrieben sind, aus vollem Halse rufen; am besten aber ist es, man schreit sie im Chor.)

# II

# *Die Geschichte der Sieben Familien vom Pippel-Poppel-See*

## *Erstes Kapitel*
## *Einleitung*

Es war einmal ein Land, das hieß Krambampel, und es lebten dort, nicht jetzt, sondern früher, Sieben Familien. Sie wohnten an den Ufern des großen Pippel-Poppel-Sees (und eine der Sieben Familien lebte sogar mittendrin), vor den Toren der Stadt Tosch, die sie, außer wenn es dunkel war, ganz deutlich sehen konnten. Sicherlich kommen euch die Namen dieser Ortschaften bekannt vor; ihr braucht ja nur einen Blick aus euern Geographie-Büchern zu werfen, dann wißt ihr Bescheid.
Was aber die Sieben Familien betrifft, die an den Ufern
des großen Pippel-Poppel-Sees wohnten, so hatte
es mit ihnen die folgende Bewandtnis,
die man aus dem nächsten
Kapitel erfahren wird.

## *Zweites Kapitel*
## *Die Sieben Familien*

Die erste Familie bestand aus Zwei alten Papageien und Sieben jungen Papageien.

Die zweite Familie bestand aus Zwei alten Störchen und Sieben jungen Störchen.

Die dritte Familie bestand aus Zwei alten Gänsen
und Sieben jungen Gänsen.

Die vierte Familie bestand aus Zwei alten Eulen
und Sieben jungen Eulen.

Die fünfte Familie bestand aus Zwei alten Meerschweinchen
und Sieben jungen Meerschweinchen.

Die sechste Familie bestand aus Zwei alten Katzen
und Sieben jungen Katzen.

Die siebente Familie bestand aus Zwei alten Fischen
und Sieben jungen Fischen.

## *Drittes Kapitel*
## *Wie die Sieben Familien lebten*

Die Papageien lebten auf den Sowski-Powski-Bäumen, die herrlich anzusehen und mit blauem Laub bedeckt waren, und sie lebten von Obst, Artischocken und gestreiften Käfern.

Die Störche wateten im Pippel-Poppel-See und stelzten ab und zu an Land; zum Frühstück fraßen sie Frösche, und Butterbrot gab es zum Tee; doch wegen der außerordentlichen Länge ihrer Beine konnten sie zum Essen nicht Platz nehmen, und darum waren sie immer unterwegs.

Die Gänse hatten Schwimmhäute an den Zehen, mit denen konnten sie Fliegen fangen, die sie zu Mittag verspeisten.

Die Eulen hielten eifrig Ausschau nach Mäusen, und wenn sie welche erwischten, dann machten sie Grießpudding draus.

Die Meerschweinchen krabbelten im Garten herum und nährten sich von Kopfsalat und Limburger Käse.

Die Katzen aalten sich in der Sonne und lebten von Löffelbiskuits.

Die Fische wohnten im See und aßen am liebsten gedünstete Uferschnecken.

Und alle diese Sieben Familien lebten vergnügt und glücklich und kamen über die Maßen gut miteinander aus.

## *Viertes Kapitel*
## *Wie die Kinder der Sieben Familien in die weite Welt hinauszogen*

Eines Tages fanden die Sieben Väter und die Sieben Mütter der sämtlichen Sieben Familien, daß es Zeit war, ihre Kinder in die weite Welt hinauszuschicken. Die Eltern riefen und riefen, und als die Kinder herbeigeeilt waren, bekam jedes von ihnen acht Mark, ein paar gute Ratschläge, mehrere Schokoladedrops und ein Notizbuch aus grünem Saffianleder zum Aufschreiben aller Ausgaben, Unkosten und Spesen.

Ferner wurden die Kinder ermahnt, Zank und Streit zu vermeiden, und zuletzt ergriffen die Eltern noch einmal das Wort, einer nach dem andern, und sprachen zum Abschied die folgenden Warnungen aus.

»Wenn ihr«, sagten die alten Papageien, »eine Kirsche finden solltet, so rauft euch nicht darum, wem sie gehört.«

»Und«, so sprachen die alten Störche, »wenn ihr das Glück habt, einen Frosch zu fangen, so teilt ihn redlich in sieben Teile, doch hütet euch, darüber einen Streit anzufangen.«

Zu den Sieben jungen Gänsen aber sprachen die alten Gänse: »Was auch immer geschieht, rührt auf keinen Fall einen Vanillepudding-Floh an.«

Und es rieten die alten Eulen: »Solltet ihr auf eine Maus stoßen,

so zerlegt sie in sieben Scheiben und verzehrt sie mit Genuß, aber ohne zu zanken.«
Und die alten Meerschweinchen sagten: »Achtet darauf, euern Kopfsalat, falls ihr welchen findet, gründlich zu kauen.«
Die alten Katzen hingegen mahnten: »Wenn euch ein Klangel-Wangel über den Weg läuft, so hütet euch und laßt euch nicht mit ihm ein!«
Die alten Fische wiederum gaben zu bedenken: »Vor allen Dingen dürft ihr nie einen Blauen Boßwoß fressen; denn die Boßwosse bekommen uns Fischen ganz und gar nicht; wir kriegen Flossenstechen davon.«
Da bedankten sich die Kinder aus den Sieben Familien bei ihren Eltern, machten im ganzen neunundvierzig artige Verbeugungen und zogen hinaus in die weite Welt.

## *Fünftes Kapitel*
## *Die Geschichte der Sieben jungen Papageien*

Die Sieben jungen Papageien waren noch nicht sehr weit gekommen, da erblickten sie einen Baum mit einer einzigen Kirsche daran, die der älteste von ihnen augenblicklich pflückte, und nach der die andern sechs, da sie schrecklich hungrig waren, eifrig schnappten, worauf sie alle Sieben anfingen, mit-

einander zu raufen, zu japsen,
zu grapschen,
zu patschen,
zu ratschen,
zu watschen,
zu tratschen,
zu klatschen,
zu matschen,
zu latschen,
zu pflatschen,
zu hatschen,
zu quatschen,
zu ächzen, zu krächzen, zu quieken, zu schnarren, zu hacken, zu schnappen, zu picken, zu beißen, zu kneifen, einander zu

prügeln mit Klauen und Flügeln, bis sie sich alle miteinander in kleine Fetzen gerissen hatten, und bis von ihrer beschämenden Aufführung keine Spur mehr geblieben war, außer der Kirsche und sieben grünen Federchen.
Und das war das wortreiche und bitterböse Ende, das die Sieben jungen Papageien nahmen.

## *Sechstes Kapitel*
## *Die Geschichte der Sieben jungen Störche*

Als die Sieben jungen Störche sich auf den Weg gemacht hatten, stelzten oder flogen sie vierzehn Wochen lang stracks geradeaus; sechs weitere Wochen lang setzten sie ihre Reise in hohem Bogen fort; worauf sie zu rennen anfingen und so schnell sie konnten einhundertundacht Meilen weit rannten; dann blieben sie plötzlich stehen und machten mit ihren Schnäbeln einen himmelschrapper-klapperigen Krach.
Ungefähr zur gleichen Zeit bemerkten sie einen großen Frosch, der grün gesprenkelt war und unter jedem Ohr einen himmelblauen Streifen trug. Da sie aber ziemlich hungrig waren, fielen sie sofort über ihn her und schickten sich an, ihn in sieben Teile zu zerlegen. Die Frage war nur: Mit welchem Bein sollten sie anfangen? Darüber gerieten sie in Streit. Ein Wort gab das

andere, und während sie sich stritten, hüpfte der Frosch auf und davon. Als sie aber bemerkten, daß der Frosch auf und davon war, fingen sie an, zu quappeln und bappeln,
zu jappeln und strappeln,
zu kappeln und brappeln,
zu trappeln und zappeln, und zwar je länger je wilder. So trieben sie es eine ganze Woche lang, bis sie einander in lauter winzige Stücke zerzaust hatten, und bis nichts mehr von ihnen übrig war, mit Ausnahme ihrer Schnäbel.
Und das war das Ende, das die Sieben jungen Störche nahmen.

## *Siebentes Kapitel*
## *Die Geschichte der Sieben jungen Gänse*

Als die Sieben jungen Gänse ihre Reise antraten, kamen sie zu einer weiten Ebene, auf der nur ein einziger Baum wuchs, und mit diesem Baum war es auch nichts.

Dennoch beschlossen vier von ihnen, auf den Baum zu steigen, während die andern drei drunten auf- und abwatschelten, ihre letzten sechs Rechen-, Erdkunde- und Kochstunden memorierten und vor lauter Langerweile Gedichte aufsagten.

Und siehe da, auf einmal nahmen sie ganz in der Ferne eine äußerst interessante und fettleibige Erscheinung wahr. Das fremdartige Geschöpf hatte einen kugelrunden Leib und sah einem Vanillepudding täuschend ähnlich, obwohl es zwei kleine Flügel, einen Schnabel, und drei Federn auf dem Kopf, aber nur ein einziges Bein hatte.

Nach geraumer Weile kamen die Sieben jungen Gänse zu folgendem Schluß: »Dieses Tier ist, ganz ohne Zweifel, ein Vanillepudding-Floh.«

Da ließen sie alle Vorsicht fahren und sangen aus vollem Halse:

»Vanillepudding-Floh,
Vanillepudding-Floh,
hab dich nicht so!

du gehörst in den Zoo,
du gehörst, du gehörst,
du gehörst in den Zoo!«

Aber kaum hatten sie dieses Liedchen zu Ende gesungen, da begann der Vanillepudding-Floh mit ganz erschreckender Geschwindigkeit auf seinem einzigen Bein zu springen und zu hüpfen, und er kam immer näher und näher, bis er zuletzt unter dem Baum stehenblieb und sich wuchtig und geistesabwesend umblickte.

Darüber waren nun die Sieben jungen Gänse sehr bestürzt, und die Knie zitterten ihnen, und eine von ihnen streckte ihren langen Hals aus und stupste mit der Spitze ihres Schnabels sehr vorsichtig den Vanillepudding-Floh an – aber kaum hatte sie ihn angestupst, da begann er aufs neue zu springen und zu hüpfen, immer höher und höher; und auf einmal riß er das Maul auf und ließ, zum größten Erstaunen und Entsetzen der Sieben Gänse, ein Gebell hören, so laut und so wütend und so grauenvoll, daß die Gänse außerstande waren, es zu ertragen, so daß sie nach und nach, eine nach der andern, ganz tot umfielen.

Und das war das Ende der Sieben jungen Gänse.

## *Achtes Kapitel*
## *Die Geschichte der Sieben jungen Eulen*

Die Sieben jungen Eulen ließen sich bei ihrer Reise Zeit und ruhten ab und zu in den Ästen eines alten Baumes aus.

Eines Abends saßen sie im Dunkeln da, und auf einmal schien es ihnen, als hätten sie eine Maus rascheln hören; doch weil die

Straßenbeleuchtung so schlecht war, konnten sie nichts sehen. Also riefen sie: »Ist das eine Maus?«
Worauf die Maus antwortete: »Quiek-quiek-quiek, allerdings.«
Da stürzten sich die jungen Eulen Hals über Kopf von ihrem Baum herunter, um die Maus zu erwischen; dabei übersahen sie aber, daß unter ihnen gar kein Boden war, sondern ein tiefer Brunnen; und es dauerte keine halbe Minute, so waren sie alle miteinander darin ersoffen.
Und das war das Ende der Sieben jungen Eulen.

## *Neuntes Kapitel*
## *Die Geschichte der Sieben jungen Meerschweinchen*

Die Sieben jungen Meerschweinchen kamen in einen Garten, in dem es von Stachelbeerstauden und Kaktusbäumen wimmelte, und unter einem davon schliefen sie friedlich ein. Als sie wieder aufwachten, erblickten sie einen großen Kopfsalat, der über Nacht gewachsen war, und der eine ungeheure Menge grüner Blätter trug. Da riefen sie alle miteinander aus:

»O Kopfsalat!
Dein Ende naht!
Wir schröpfen dich,
wir köpfen dich!

Dein Ende naht,
o Kopfsalat!«

Und die Sieben jungen Meerschweinchen stürzten sich unverzüglich auf den Salatkopf, und zwar mit derartiger Wucht, daß sie sich an seinem grünen Stamm die Köpfe zerbrachen. Sie mußten sofort mit schwerer Gehirnverschüttelung ins Bett; außerdem hatten sie sich eine nasenlöchrige doppelseitige Schnauzenentzündung zugezogen, die immer schlimmer und schlimmer und schlimmer und schlimmer wurde, bis sie alle Sieben ganz unversehens daran eingingen.

Und das war das Ende der Sieben jungen Meerschweinchen.

## *Zehntes Kapitel*
## *Die Geschichte der Sieben jungen Katzen*

Die Sieben jungen Katzen begaben sich mit allen Anzeichen des Ergötzens und der Raubgier auf die Reise. Als sie aber einen mittelgroßen Berg erklommen hatten, gewahrten sie ganz in der Ferne ein Klangel-Wangel (oder, wie es eigentlich heißen muß, einen Klangel-Wangel), und indem sie alle Warnungen ihrer Eltern in den Wind schlugen, rannten sie schnurstracks auf ihn zu.

(Nun ist aber der Klangel-Wangel ein äußerst gefährliches und trügerisches Tier, das einem durchaus nicht alle Tage über den Weg läuft. Er ist auf dem Wasser ebenso wie auf dem Lande zuhaus und gebraucht, auf dem nassen Element, seinen langen Schwanz als Segel. Seine Fortbewegung ist außerordentlich geschwind, doch seine Lebensweise ist häuslich und überflüssig, und sein Betragen im allgemeinen glupschäugig und gedankenschwer. An warmen Sommerabenden kann man zuweilen in der Umgebung des Pippel-Poppel-Sees ganze Scharen von Klangel-Wangeln beobachten, wie sie auf dem Kopf stehen und dabei ihre Volkslieder summen. Sie leben durchaus von pflanzlicher Nahrung, außer wenn sie gerade Kalb- oder Hammel- oder Schweine- oder Rindfleisch fressen, oder Fisch oder Salpeter.)

Kaum hatte der Klangel-Wangel die Sieben jungen Katzen näherrücken sehen, da nahm er reißaus; und da er, ohne einzuhalten, vier Monate lang weiterrannte, und da die Katzen, obwohl sie ebenfalls immer weiterrannten, ihn nie einfangen konnten, starben sie alle miteinander nach und nach an Erschöpfung und Müdigkeit, und davon haben sie sich nie wieder erholt.
Und das war das Ende der Sieben jungen Katzen.

*Elftes Kapitel*
*Die Geschichte der Sieben jungen Fische*

Die Sieben jungen Fische schwammen quer durch den Pippel-Poppel-See, den Fluß hinab und ins offene Meer, wo sie, zu ihrem Unglück, am fünfzehnten Tag ihrer Reise, einen leuchtend Blauen Boßwoß trafen, dem sie augenblicklich nachschwammen. Der Blaue Boßwoß aber, nicht faul, tauchte unter

in eine riesige,
diesige,
kiesige,
fließige,
grießige Untiefe aus weichem Schlick, wo er sich nämlich häuslich eingerichtet hatte.
Und die Sieben jungen Fische, die aus Leibeskräften hinter ihm herschwammen, tauchten aus Versehen ebenfalls in den tiefen Schlick, doch weil sie das nicht gewohnt waren, so erstickten sie alle im Handumdrehen.
Und das war das Ende der Sieben jungen Fische.

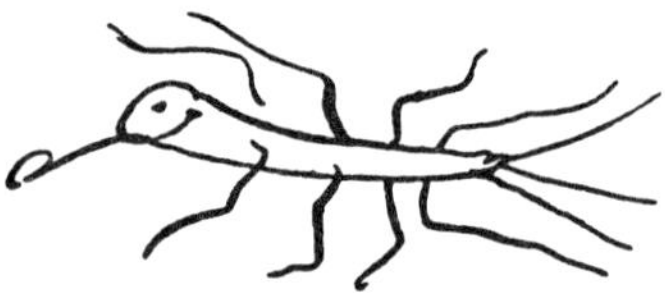

*Zwölftes Kapitel*
*Was sich des weiteren begab*

Als es sich herumgesprochen hatte, daß
die Sieben jungen Papageien
und die Sieben jungen Störche
und die Sieben jungen Gänse

und die Sieben jungen Eulen
und die Sieben jungen Meerschweinchen
und die Sieben jungen Katzen
und die Sieben jungen Fische

alle miteinander umgekommen waren, da trafen sich der Frosch, der Vanillepudding-Floh, die Maus, der Klangel-Wangel und der Blaue Boßwoß zu einem großen Fest, um den glücklichen Ausgang ihrer Abenteuer gebührend zu feiern. Und sie sammelten die Sieben Federchen der Sieben jungen Papageien, und die Sieben Schnäbel der Sieben jungen Störche, und den Kopfsalat, und die Kirsche ein, und setzten die Kirsche dem Salat auf den Kopf, und legten ringsherum die andern Kleinigkeiten aus, und tanzten um diese Andenken im Kreis eine Polka, bis sie ganz außer Atem waren; und dann gaben sie noch ein Kaffeekränzchen, und ein Gartenfest, und einen Maskenball, und ein Konzert, und dann gingen sie alle ihrer Wege und kehrten nach Hause zurück, voller Freude und Hochachtung, voller Wohlwollen, Zufriedenheit und Abscheu.

## *Dreizehntes Kapitel*
### *Was aus den Eltern der neunundvierzig Kinder geworden ist*

Als aber die Zwei alten Papageien
und die Zwei alten Störche
und die Zwei alten Gänse
und die Zwei alten Eulen
und die Zwei alten Meerschweinchen
und die Zwei alten Katzen
und die Zwei alten Fische

ihre Zeitung lasen und auf diese Weise erfuhren, daß ihre ganze Nachkommenschaft auf das Betrüblichste gestorben und verdorben war, da beschlossen sie, keinen Bissen mehr zu sich zu nehmen; und sie ließen aus den allerbesten Läden große Mengen von Cayenne-Pfeffer und Branntwein und Essig und blauem Siegelwachs kommen, und außerdem bestellten sie Sieben riesengroße Glasflaschen mit luftdichten Stöpseln. Und als man ihnen alle diese Dinge ins Haus gebracht hatte, da nahmen sie erstens noch ein leichtes Abendbrot aus Pumpernickel und Jerusalemer Artischocken, und zweitens nahmen sie liebreich und feierlich Abschied von all ihren Bekannten, die überaus zahlreich, und vornehm, und angesehen, und löblich, und lächerlich waren.

## *Vierzehntes Kapitel*
## *Ende*

Und nachdem das erledigt war, füllten sie die Flaschen mit all den Zutaten, die zum Einmachen nötig sind, und dann sprang ein Elternpaar nach dem andern in eine Flasche nach der andern, wobei sie selbstverständlich alle im Nu ersoffen sind, und es vergingen nur ein paar Minuten, und schon waren sie ganz und gar eingemacht; zuvor jedoch hatten sie, mit Hilfe der berühmtesten Stadtschreiber und Notare, ihr Testament gemacht, worin geschrieben stand, daß die Stöpsel der Sieben Flaschen sorgfältig mit dem blauen Siegelwachs, das sie gekauft hatten, versiegelt werden sollten; und daß sie sich selber samt ihren Flaschen dem Stadtmuseum von Tosch hinterließen; und daß auf jeder Flasche ein Schildchen aus dem feinsten Pergament angebracht werden müßte; und daß die Flaschen auf einem Marmortischchen mit silbervergoldeten Beinen auszustellen seien, zur täglichen Erbauung und Beschauung, und zur ewigen Freude des ehrpusseligen Publikums.

Und wenn jemals einer von euch in das Land Krambampel kommt und das Museum der Stadt Tosch besucht, dann sollte er ja nicht versäumen, den achtundneunzigsten Tisch im vierhundertundsiebenundzwanzigsten Saal des rechten Korridors im linken Flügel des Hauptgebäudes jener großartigen Sammlung zu betrachten; und wer sich das nicht merken kann, der wird sie nie wiedersehen, die vierzehn Eltern in den Sieben Flaschen.

## *III*

# *Die ersten siebzig Limericks*

Sobald dieser Jüngling gewahrt,
was sich bei ihm zusammenschart
an Hühnern, Pirolen,
Eulen und Dohlen,
verflucht er gewiß seinen Bart.

Diese junge Dame aus München
besaß fünf scheckige Hündchen
und Schühchen mit Schleifchen,
beschlagen mit Reifchen.
So stelzte sie gerne durch München.

Dieser stattliche Onkel aus Xanten
hörte fortwährend von Passanten,
daß ihnen angst und bang sei,
weil seine Nase so lang sei.
Das störte den Onkel aus Xanten.

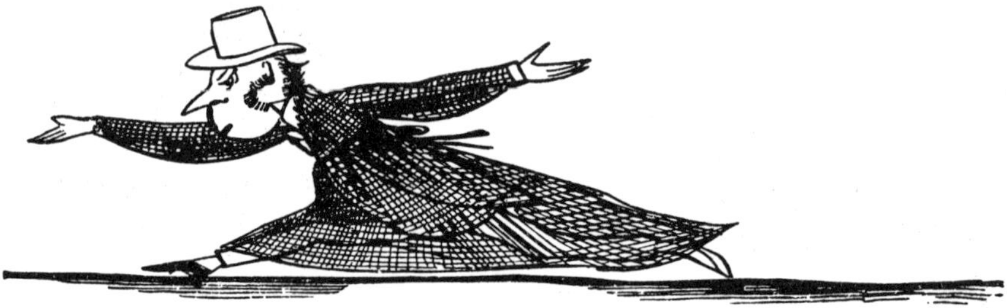

Dieser ältere Herr aus Deauville
hielt nie und nimmermehr still.
  In Großmutters Spitzen
  sah man ihn flitzen
durch die Innenstadt von Deauville.

Diese junge Frau trug ein Häubchen,
darauf nisteten nicht nur die Täubchen.
Kein Wesen, das fleucht,
ward jemals verscheucht
von der Frau mit dem zierlichen Häubchen.

Diese ältere Türkin rief häufig:
»Meine Enkelin, die ersäuf ich.«
Darauf bat dieses Schätzchen:
»Koch lieber das Kätzchen!«
Solche Szenen sind dort geläufig.

Dieser Jüngling aus Paraguay
fand überhaupt nichts dabei,
auf den Treppen zu sitzen
und Obst zu stibitzen,
der Leichtfuß aus Paraguay!

Dieser ältere Herr aus Hongkong
schlug Tag und Nacht seinen Gong,
bis sieben Weise
ihn mahnten: »Sei leise!«
Da ward es ganz still in Hongkong.

Diese ältere Dame aus Cham
versank in den Boden vor Scham,
weil die Passanten
alsbald erkannten,
woher diese Dame kam.

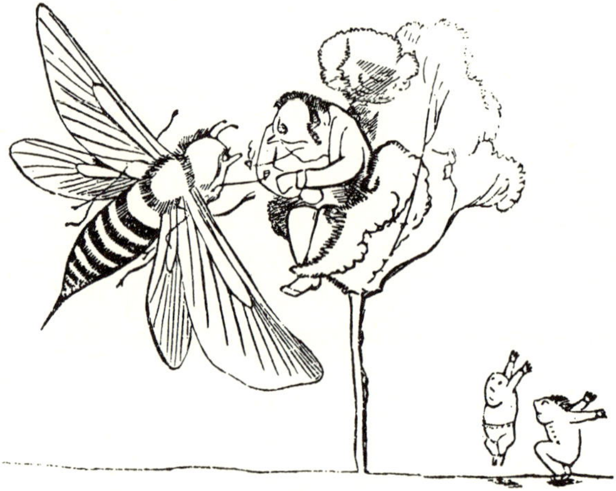

Diesen älteren Herrn in den Ästen
hielt eine Biene zum Besten.
Das Ungeheuer
bat ihn um Feuer,
den ängstlichen Herrn in den Ästen.

Dieser Schlangenbeschwörer aus Q.
verwahrte sein Kriechtier im Schuh.
»So gehn wir zu zween
auf unsre Tourneen«,
sprach der Schlangenbeschwörer aus Q.

Diese junge Dame aus Reggio
pflegte ein holdes Arpeggio
mit ihrem scharfen
Kinne zu harfen,
die talentvolle Dame aus Reggio.

Dieser ältere Herr aus Probstzella
gab seinen letzten Heller
nicht etwa für Bibeln –
nein! Honig und Zwiebeln
kaufte der Herr aus Probstzella!

Es tanzte ein Herr aus Maastricht,
bis er schwarz wurde im Gesicht,
mit erstaunlichem Eifer
Polka und Schleifer,
der vergnügungssüchtige Wicht.

Dieser ältere Schiffer aus Güllen
wagt es, um Hilfe zu brüllen.
    Daß man sie bemüht,
    scheint ziemlich verfrüht
den Rettungsschwimmern von Güllen.

Diese ältere Dame aus Theben
war völlig der Seefahrt ergeben.
Man riet ihr, Yachten
und Jollen zu pachten,
doch blieb sie lieber in Theben.

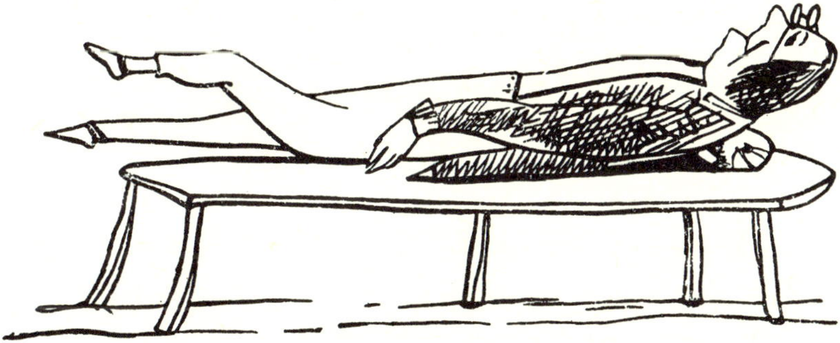

Dieser Jüngling aus Kopenhagen
hat sich sehr seltsam betragen:
er legte sich frisch
auf den Bügeltisch
und träumte von Kopenhagen.

Es sprach dieser Reiter aus Witten:
»Ich bin gerne auf Eseln geritten,
nur das Kitzeln und Bohren
der spitzigen Ohren
muß ich mir ernstlich verbitten!«

Diese Schönheit aus Singapur
mit der perlenbesetzten Frisur
verspeiste bequem
ihre Stachelbeer-Creme,
diese Naschkatz aus Singapur.

Dieser Herr aus dem Landkreis Zossen
hat eines Tages beschlossen:
Ich reiß mir die Haar aus
und mach mir den Garaus.
Er war wohl ziemlich verdrossen.

Dieser ältere Herr aus Bali
löffelte gern Zyankali.
  Die Ärzte verdroß es,
  doch er selber genoß es,
der leckere Onkel aus Bali.

Es trug diese Dame aus Schleiz
ein Kostüm von besonderem Reiz:
einen Sack aus Rupfen
mit Klecksen und Tupfen.
Die alte Kokotte aus Schleiz!

Dieser ältere Herr aus Macao
trägt ein ewiges Lächeln zur Schau.
Er spielt auf der Fiedel
traurige Liedel,
der alberne Kerl aus Macao.

Dieser Herr von den Ufern der Limmat
wurde eines Tages zertrümmert.
Er schwätzte so klug,
daß ihn niemand ertrug,
dieser Tausendsassa von der Limmat.

Dieser Jüngling aus Abukir
hatte Durst und bestellte ein Bier.
Man serviert' es ihm heiß.
»Das tut ihr mit Fleiß!«
rief der Jüngling aus Abukir.

Diese sittsame Jungfrau vom Rütli
erwarb ein prunkvolles Hütli.
Gefolgt von mehrern
heißen Verehrern
kehrte sie heim auf den Rütli.

Diesem Herrn aus Tananarive
zernagten, während er schlief,
Mäntel, Krawatten
und Hüte die Ratten,
mitten in Tananarive.

Es trug dieser Stutzer aus Pola
eine atemberaubende Stola;
doch verhöhnten ihn leider
die üblichen Neider
in den Nachtlokalen von Pola.

Auch dieser Herr aus Kirchzarten,
dessen Schuhe beim Wandern knarrten,
wurde öfters verhohnt.
Er war das gewöhnt,
der Wandersmann aus Kirchzarten.

Wenn dies Fräulein die ausdrucksvollen
Augäpfel anfing zu rollen,
   da war keiner so tranig,
   daß er nicht, von Panik
ergriffen, beschloß, sich zu trollen.

Man bedauert in ganz Graubünden
die aus unbegreiflichen Gründen
von der Haustür zerquetschte,
allseits geschätzte
Samariterin aus Graubünden.

Dieser Herr hat in trüben Spelunken
sich mit Abführmitteln betrunken.
Nun kuriert er sein Weh
mit Kamillentee.
Ganz recht geschieht dem Halunken!

Dieser ältere Herr aus Bordeaux
aß Hasen am liebsten roh.
Erst fuhlt' er sich wohlig,
dann starb er an Kolik,
der alte Barbar aus Bordeaux.

Dieser ältere Onkel aus Krefeld
lustwandelte durch ein Kleefeld,
wo ihn wilde Hornissen
erbärmlich zerbissen,
den wehrlosen Onkel aus Krefeld.

Es pflegten fünf Damen aus Bayern
ihr Angesicht zu verschleiern.
In der Sommerfrische
fingen sie Fische
und brachten sie heim nach Bayern.

Diese Jungfer aus Jungfernheide
tat niemandem etwas zuleide.
    Nur einmal ertränkte
    sie, weil er sie kränkte,
einen Rohling aus Jungfernheide.

Diesen reitenden Boten aus Neiße
fragte man, ob er verreise
    auf wirklichen Pferden?
    »Aber woher denn«,
versetzte der Reiter aus Neiße.

Diesem Herrn aus der Oberpfalz
lief ein Käfer über den Hals.
Er sprach ganz bedächtig:
»Grüß Gott, ich erstech dich!«
Der grausame Mann aus der Pfalz!

Dieser alte Schmarotzer aus Malmö
lebte jahrelang auf einer Palme,
besah die Ruinen
und ließ sich bedienen
und weinte vor Heimweh nach Malmö.

Dieses musische Fräulein aus Köthen
brachte durch eifriges Flöten
und kühne Avancen
die Schweine zum Tanzen
auf den grünen Auen von Köthen.

Dieser älteren Dame aus Brüssel
trug eine Zofe den Rüssel.
»Daß Gott dich schütze,
du einzige Stütze!«
flehte die Dame aus Brüssel.

Es sprach diese Dame aus Tibet:
»Vergießt nur, was euch beliebet!
  Am liebsten wären
  mir allerdings Zähren«,
seufzte die Dame aus Tibet.

Dieser ältere Herr aus Leermoos,
der zog zwanzig Söhne groß.
Er gab diesen Stoffeln
nichts als Kartoffeln,
der launige Herr aus Leermoos.

Dieser Jüngling aus Ludwigsruh
schlug mit dem Schüreisen zu.
»Er tat's nur aus Gaudi,
der alberne Rowdy«,
betont man in Ludwigsruh.

Dieser ältere Herr aus Halle
litt schrecklich an seiner Galle.
Man brachte ihm Butter
und Vogelfutter.
Da jauchzte der Herr aus Halle!

Dieser ältere Herr aus Steingaden
beschloß, in der Suppe zu baden.
Um die Köchin zu narren,
raucht er Zigarren,
der Badegast aus Steingaden.

Es wünschte dies Mädchen aus Rye,
daß ihr Süppchen regelrecht glühe.
Mit dem Blasebalg
schürte der Schalk
ein Feuerchen unter der Brühe.

Es pflegte ein Herr aus Masuren
bei sinkenden Temperaturen
    sich vermummt mit Pelzen
    als Kugel zu wälzen
übers tiefverschneite Masuren.

Dieser Jockei aus den Ardennen
stürzte beim Hindernisrennen.
  Man hat ihn geleimt,
  damit es sich reimt,
den Jockei aus den Ardennen.

Dieser Ehrenmann aus Costa Rica
vermochte nicht, ohne Zwicker
seine eigenen Zehen
deutlich zu sehen.
So nötig war ihm ein Zwicker.

Diesem älteren Herrn aus Kampen
brachten zahlreiche Schlampen
  als Frühstückshappen
  Kröten und Quappen,
dem alten Genießer aus Kampen.

Dieser Ehemann hier aus Peru
sah gerne beim Backen zu.
Bis, traurig genug,
seine Frau ihn buk,
den braven Mann aus Peru.

Dieser Jüngling aus Treuenbrietzen
ging immer auf Zehenspitzen.
»Das ist uns zu dumm!
Warum fällt er nicht um?«
hieß es in Treuenbrietzen.

Es erklomm eine Dame aus Vechta
unter allgemeinem Gelächter
die höchsten Bäume
und rief: »Ich schäume!«
Da schwieg man betroffen in Vechta.

Diesem biederen deutschen Landsmann
entführte ein diebischer Franzmann
die einzige Erbin.
»Der Himmel verderb ihn!«
fluchte der ehrliche Landsmann.

Einst las, unweit des Vesuvs,
dieser Herr in den Werken Vitruvs.
    Es regnete Asche.
    Da griff er zur Flasche,
im Angesicht des Vesuvs.

Dieser Denker von den Azoren
rief: »Wäre ich niemals geboren!«,
geriet ins Schwitzen
und starb im Sitzen,
der Trauerkloß von den Azoren.

Diese ältere Dame aus Glatz
nahm auf einer Stechpalme Platz.
Doch weil das so piekste,
drum stöhnte und quiekste
das tollkühne Fräulein aus Glatz.

Dieser Jüngling aus dem Pandschab
lief unentwegt auf und ab.
Er suchte vergebens,
Zeit seines Lebens,
einen Ausweg aus dem Pandschab.

Es warf dieser Herr aus Neiße
sich in ungebührlicher Weise
in den offenen Rachen
gebratene Sachen.
Man schämte sich seiner in Neiße.

Es schnitt dieser Herr aus Tegel
sich mit der Säge die Nägel.
    Ohne Erstaunen
    verlor er zwei Daumen.
Das ist nichts Neues in Tegel.

Man fragt' diesen Herrn aus Braunlage,
warum er sich nicht beklage.
»Ihr erstickt mein Fluchen
mit Honigkuchen«,
erklärte der Herr aus Braunlage.

Es las dieser Herr aus Hannover
auf den weißen Klippen von Dover
    und auf *einem* Bein.
    Doch dann fiel er rein
in die brausende Brandung von Dover.

Dieser ältere Herr aus Troja,
der löffelte Brandy und Soja,
und zwar, wie gewohnt,
schien dazu der Mond,
und zwar auf die Mauern von Troja.

Diesen älteren Herrn aus Soho,
den plagte ein bissiger Floh.
»Gebt mir doch eine Hacke,
damit ich ihn knacke!«
rief der zornige Herr aus Soho.

Dieser Herr aus dem Frankfurter Raum
bestieg einen Vogelbeerbaum.
»Dieses ewige Krächzen!«
hört man ihn ächzen,
den Herrn aus dem Frankfurter Raum.

Es trug dieser Herr aus Sing-Sing
im Gesicht einen güldenen Ring,
um den sanften und hehren
Vollmond zu ehren
in der Sommernacht von Sing-Sing.

Diese Ehefrau aus Steinstücken
wollt' sich wohlweislich verdrücken.
Man fand die Vermißte
in einer Kiste,
weit entfernt von Steinstücken.

Dieser Jüngling aus Samarkand
war für sein Tempo bekannt.
Aus den östlichen Steppen
ist er bis nach Meppen
in wenigen Sätzen gerannt.

Dieser ältere Herr aus Kalkutta
verschlang soviel Schwarzbrot mit Butter,
daß er Zustände kriegte
und elend erstickte,
der Nimmersatt aus Kalkutta.

*IV*

# *Ein ungereimtes ABC*

Das Alte Ängstliche Auerhuhn,
das sein Tabakspfeifchen
auf dem Teekessel raucht.

Die Beliebte Beutelmaus,
die Begeistert Beethoven spielt
auf dem Pianoforte.

Der Charaktervolle Koch von den Cocos-Inseln,
der ein gescheckltes Kaninchen serviert
auf seinem Lieblings-Löffel.

Die Damenhaft Dekorierte Drossel,
die Dreist ihren Schopf schmückt
mit Rosen und fremden Federn.

Der Edelmütige Esel,
der in einem Essigfaß wohnt
und sich von Selterswasser und Gurken nährt.

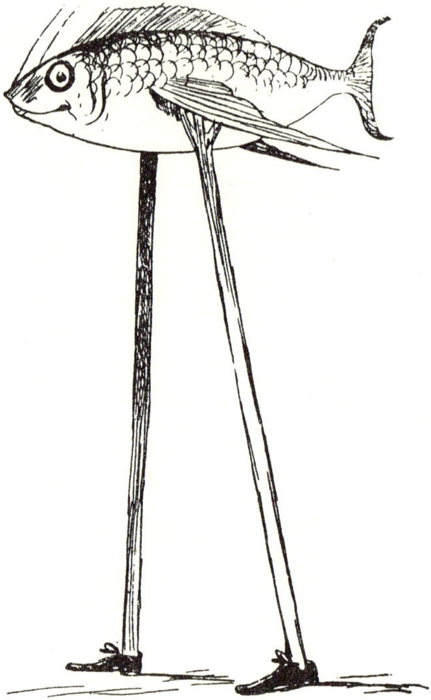

Der Flunkernde Fabel-Fisch,
der keine Füße hat
und deshalb auf Stelzen geht.

Der Grantige Graue Geier,
der Grimmig zur Feder greift,
um Liebesgedichte zu kritzeln.

Das Hickelnde gickelnde Huhn,
das mit Hut und Halstuch zu Markte Hastet,
um einen Hering zu Hamstern.

Der Innig geliebte Indische Elefant,
der mit Imitierten Ohrringen
und mit dem Schüreisen über den Isthmus fuhr.

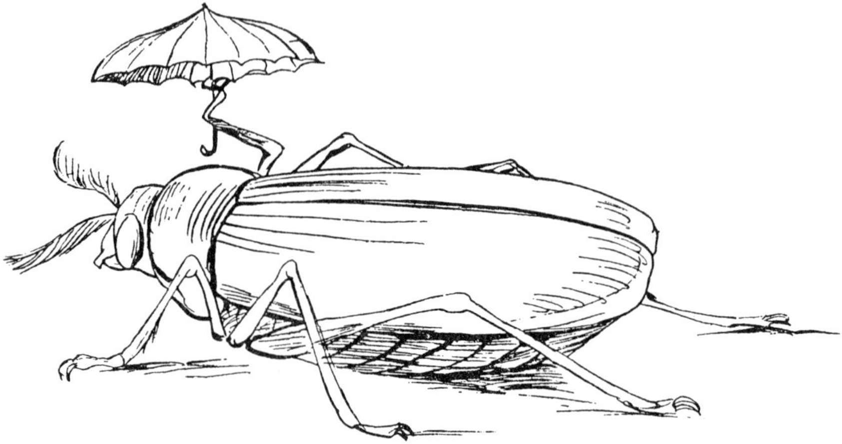

Der Jugendliche Juni-Käfer,
der einen Japanischen Schirm trug bei Sonnenschein
und ihn Jedesmal vergaß, wenn es regnete.

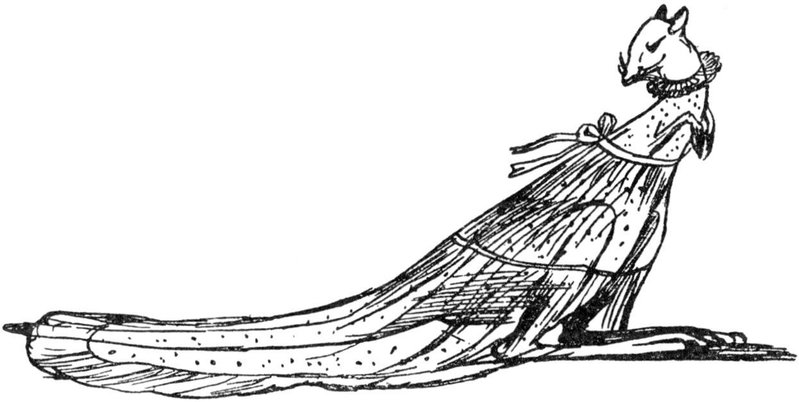

Das Kokette Känguruh,
das ein Kleidchen aus rosa Batist trug
mit blauen Pünktchen drauf.

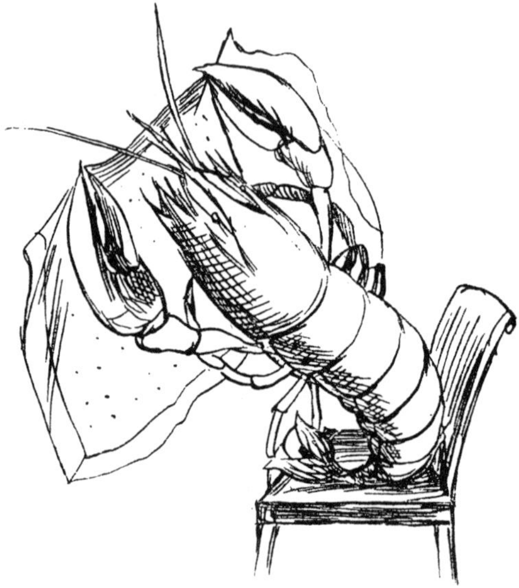

Die Löbliche Nordsee-Languste,
die mit Nadel und Faden
ihr eigenes Bett-Laken nähte.

Die Mitleidige Meeres-Möwe,
die den komischen Kauz samt seiner Reisetasche
nach Amerika trug, weil er nicht schwimmen konnte.

Die Nachdenkliche Nasen-Natter,
die, um Niemand zu beißen,
stets einen Hut auf dem Kopf trug.

Der Ordnungsliebende Ochse,
der Oft am Offenen Kaminfeuer saß,
um sich ein Brötchen zu rösten.

Der Pedantische Papagei,
der an seiner Pastinaken-Pastete Pickte
und dabei die Zeitung las.

Der Quecksilbrige Quabbel-Molch,
der einen Knödel aus süßem Quark kaufte
für sein Enkelkind.

Der Regsame Regenschirm-Fabrikant,
von dem niemand wußte, wie er aussah,
weil er stets einen Regenschirm trug.

Die Standhafte Suppen-Schildkröte,
die eifrig die Trommel schlug,
obwohl niemand ihr zuhörte.

Die Tückische Tauch-Ente,
die sich die Frösche zu Tausenden
aus dem Teich löffelte.

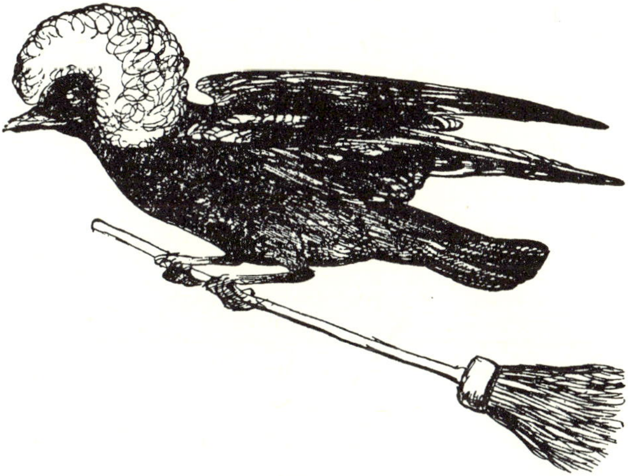

Der Unselige Unglücks-Rabe,
der eine weiße Perücke trug
und sich auf einem Besen in die Lüfte schwang.

Der Viel zu Verwegene Vogel Strauß,
der sich die Füße nicht naß machen wollte
und Viel zu große Reitstiefel trug.

Die Wirklich sehr Witzige Wespe,
die, mit einer Schlafmütze auf dem Kopf,
ein kleines Wunschkonzert gab.

Der Xegnete König Xerxes,
den man hier eine Xtra-Maß Bier trinken sieht,
obwohl er schon lange tot ist.

Der Yonki-Bonki-Boo,
dessen Yugendlicher Kopf für seine kleine Figur
etwas zu groß geraten ist,
und das gleiche gilt für sein Hütchen.

Das Zick-Zack-laufende Zebra,
das auf seinem Rücken fünf Zapplige Affen trug
bis an die jumbumbische Grenze.

# V

# *Die zweiten siebzig Limericks*

Es zerriß dieser Onkel aus Este
seine blau getüpfelte Weste,
um mit den Stücken
hoch zu beglücken
die Nichten des Onkels aus Este.

Dieser Jüngling aus Örebro
beschloß, eine rasende Kuh
einzulullen
durch allerlei Schrullen
und Späßchen aus Örebro.

Diese ältere Dame aus Trier
verfolgte ein wütender Stier.
Mit der Fliegenklatsche
eine kraftige Watsche
versetzt' ihm die Dame aus Trier.

Es gönnte ein Bauer aus Rügen
sich ein zweifelhaftes Vergnügen:
statt Korn zu mähen,
tanzt er mit Krähen,
der fidele Bauer aus Rügen.

Diesen Herrn vom Ufer der Kinzig
– er war bemerkenswert winzig –
hat sein Hündchen zerkaut
und spielend verdaut,
den Däumling vom Strande der Kinzig.

Dieser Luftschiffer von der Gironde
lebte völlig hinter dem Monde,
  und je höher er schwebte,
  desto völliger lebte
er hinter (statt vor) dem Monde.

Man fragt diese Frau aus Tirana,
warum sie nur Afrikaner
liebkose und herze?
»Wegen der Schwärze«,
versetzte die Frau aus Tirana.

Einst lebte ein Jüngling in Schopfloch.
Sein Kopf war so klein wie ein Knopfloch.
    Er kauft sich Perücken,
    um uns zu entzücken,
wispern die Mädchen in Schopfloch.

Diese ältere Dame aus Bayern
entstaubte mit Vorliebe Leiern.
Mit Sphärenmusiken
wollt' sie bestricken
die zartbesaiteten Bayern.

Es lud dieser Orientale
seine sämtlichen Enkel zum Mahle.
Doch das Rülpsen und Schmatzen
der gierigen Fratzen
verbat sich der Orientale.

Dieser ältere Herr rief: »Huschhusch!
Hier sitzt ein Vöglein im Busch.
    Man sagt, das bringt Segen.
    Doch ich meine: Von wegen!
Es ist fünfmal so groß wie der Busch!«

Diesem älteren Asiaten
stand der Sinn einst nach Braten.
  Der Schwerenöter
  mästete Köter!
So schlau sind die Asiaten!

Dieser ältere Herr am Kanal
sitzt wochenlang auf einem Pfahl.
  Wir müssen ihn schelten:
  er wird sich erkalten
am ungeheizten Kanal!

Diesen reizbaren Montenegriner
bekostigte einst sein Diener
mit Wurzelgemüsen.
»Das wirst du mir büßen!«
tobte der Montenegriner.

Dieser bärtige Herr aus Reutte,
dessen Pferd gelegentlich scheute,
schien solche Capricen
auch noch zu genießen,
der tollkühne Reiter aus Reutte.

Es fiel dieser Herr am Rialto
nach einem doppelten Salto
    auf die eigene Nase.
    Man begreift die Ekstase
des Publikums am Rialto.

Dieser Herr trug durch Frankfurt am Main
an beiden Händen ein Schwein.
Ein solches Spektakel
wirft einen Makel
auf den Glanz von Frankfurt am Main.

Diese Jungfrau von den Zykladen
ertränkte Fliegen und Maden
und trug die verreckten
antiken Insekten
im Triumphe nach den Zykladen.

Ein ausgemergelter Soester
ließ sich im Nonnenkloster
unter ständigem Beten
zu Blätterteig kneten
und backen, der selige Soester.

Ein Postbeamter in Prag
streckte am hellichten Tag
die Füße gen Himmel.
Ein peinlicher Fimmel,
in einer Großstadt wie Prag!

Dieser würdigen Frau aus Karatschi
entfuhr ein kräftiges »Hatschi!«
Und siehe, es stutzte
die völlig verdutzte
Bevölkerung von Karatschi!

Dieser Unglücksrabe aus Lauf
sprach: »So macht mir doch endlich auf!
Ich läute so laut,
daß mein Haar ergraut,
und nie macht mir jemand auf!«

Es fing diese Dame aus Emden
zum allgemeinen Befremden
einen Dorsch aus Pappe.
War das eine Schlappe
für die Fischerinnung von Emden!

Diesen Jüngling aus Jütterbog
legte man in den Stock.
Besonders die Braven
muß man bestrafen!
So denkt man in Jütterbog.

Diese Fischerin aus Bad Soden
bediente sich sanfter Methoden:
der Klang ihrer Harpfen
betäubte die Karpfen.
Man hörte es bis nach Bad Soden.

Es versuchte ein Herr aus dem Norden
gelegentlich, sich zu ermorden.
»Die alte Geschichte«,
rief seine Nichte.
»Es ist wieder nichts draus geworden!«

Diesen älteren Herrn aus München
wollten etliche Kinder lynchen.
    Die lieben Kleinen
    warfen mit Steinen.
Das verdroß den Besucher aus München.

Dieser Herr besaß eine Eule.
Er vertrieb sich die Zeit mit Geheule.
  Mit dem zierlichen Tierchen
  teilt er sein Bierchen.
Ein Prosit dem Herrn mit der Eule!

Ein älterer Herr aus Meran
sprang einfach in einen Vulkan.
Gefragt: »Ist es heiß?«,
rief er: »Kalt wie Eis!«,
der verlogene Mensch aus Meran.

Ein Fräulein aus Oberrieden
fuhr einst mit der Bahn nach Weedon.
Als der Zug dort hielt,
hat sie rausgeschielt.
Sie ist nicht in Weedon geblieben.

Zwei Damen besuchten Schiraz.
Sie schritten kräftig fürbaß
und nahmen mit Würde
jedwede Hürde.
Wie staunte man da in Schiraz!

Dieser ältere Herr aus Wisconsin
besaß eine schöne Schimpansin.
Doch kaum aus den Windeln,
begann sie zu zündeln
und verbrannte den Herrn aus Wisconsin.

Diese ältere Dame aus Lützen
gierte nach neuen Mützen.
Dann blähte sie lüstern
die fleischigen Nüstern,
die schamlose Dame aus Lützen.

Es besaß ein Arzt aus Bad Plöne
eine Tochter und zwei Dutzend Söhne.
Um die Tafel zu decken,
sammelt er Schnecken,
der gütige Arzt aus Bad Plöne.

Dieser Jüngling mit schwachen Nerven
wollt' aus dem Fenster sich werfen.
»Warum denn erst heute?«
riefen die Leute.
Da verlor der Jüngling die Nerven.

Dieser Jüngling aus Königslutter
befragt seine leibliche Mutter:
»Wie war doch der Name,
verehrteste Dame?«
Eine Schande für ganz Königslutter!

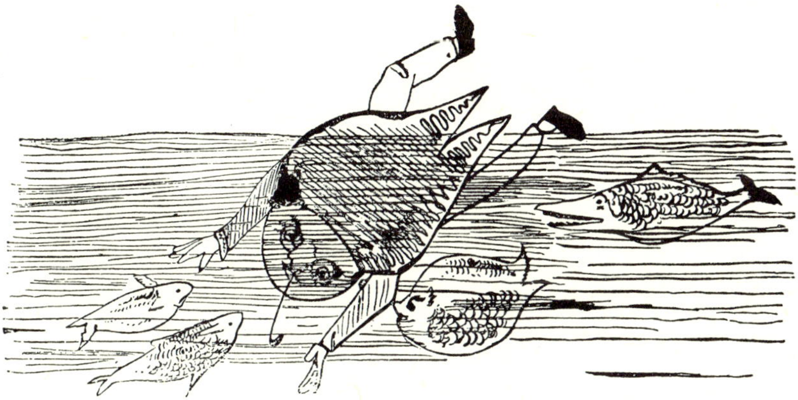

Dieser ältere Herr von der Ruhr
war an sich eine Frohnatur.
Doch er sprang in den Fluß,
aus Überdruß
an den launigen Sitten der Ruhr.

Dieser ältere Herr aus Shanghai
aß für sein Leben gern Brei,
den er voller Begierde
mit Mäusen garnierte,
das Leckermaul aus Shanghai.

Diese junge Frau aus Manila
wurde von Tag zu Tag stiller.
 Man hielt sie für dumpf,
 doch sie sagte nur: »Umpf!«,
die stoische Frau aus Manila.

Dem Freiherrn von Hohenstaufen
war ein Stück Rindvieh entlaufen.
»Es sitzt in den Ästen!« –
»Man hält mich zum Besten!«
rief der Freiherr von Hohenstaufen.

Auf diesem gastfreien Herrn
landet das Federvieh gern.
In besonderem Maße
ist es die Nase,
was es schätzt an dem alten Herrn.

Diesem reizenden Kind aus Quimper
lief ein hungriger Bär hinterher.
Um ihn zu hänseln,
begann es zu tänzeln,
das holde Geschöpf aus Quimper.

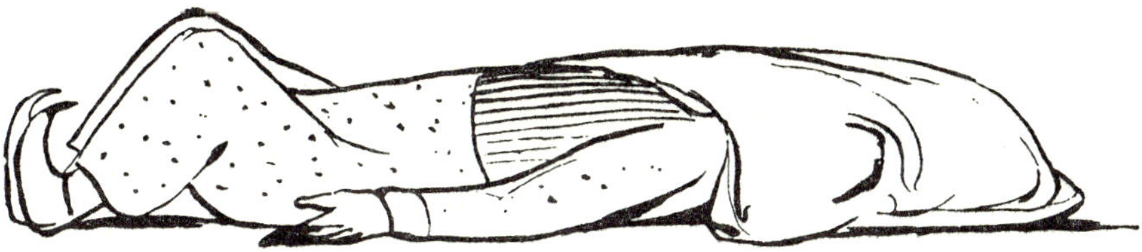

Diesem Tippelbruder aus Bern
liegt jeglicher Fehltritt fern.
Nur weil es so staubt,
verhüllt er sein Haupt,
der müde Wandrer aus Bern.

Dieser mürrische Jüngling aus Theben
hat keinerlei Lust mehr, zu leben.
  Man sucht mit Kantaten
  und frischen Salaten
zu heilen den Jüngling aus Theben.

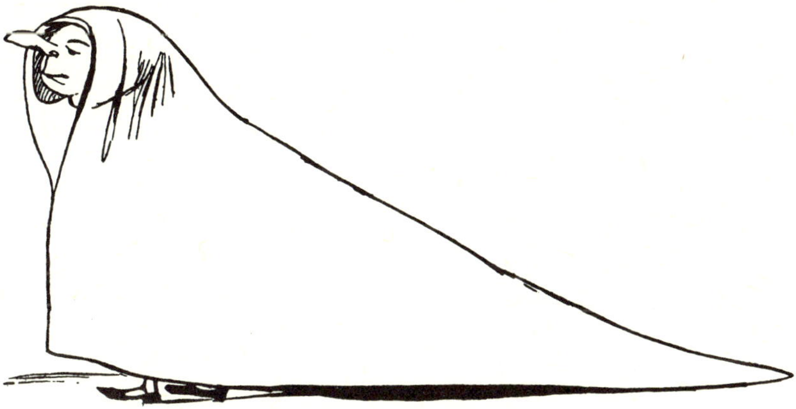

Diese junge Dame aus Selb
war der Meinung, ihr stünde nur gelb.
  Eine Riesenkapuze
  trug über dem Hut se,
nicht grün oder blau, sondern gelb.

Dieser ältere Gast aus dem Westen
tanzte gern auf den äußersten Ästen.
    Daß du uns gefälligst
    nicht weiter behelligst,
du sorgloser Gast aus dem Westen!

Dieser ältere Herr aus Gumbinnen
aß sonntags geröstete Spinnen
    zum Fünf-Uhr-Tee
    im Hafen-Café,
der romantische Herr aus Gumbinnen.

Diese liebliche Braut aus Leinster
beugte sich nachts aus dem Fenster.
  Die Eulen riefen,
  und keineswegs schliefen
die zahlreichen Nachtgespenster.

Dieser stattliche Herr aus Kempten
trug kunstvoll gekräuselte Hemden.
Wie durch ein Wunder
gleicht er der Flunder,
bemerkten die Bürger von Kempten.

Ein Stellmacher aus Saarbrücken
bekämpfte geduldig die Mücken.
Nach diesem Scharmützel
genoß er ein Schnitzel
mit beispiellosem Entzücken.

Dieser ältere Herr aus Bangkok
rief laut: »Tikkitik, tikkitok!
    Tippidu, tippidill!«
    Und dann schwieg er still,
der prophetische Herr aus Bangkok.

Eine ältere Dame aus Suez
fragte einst ihre Tochter: »Bist du es?«
Das Kind rief: »Und ob!«
»Werde nicht grob!«
schrie da die Dame aus Suez.

Dieser ältere Herr hier aus China,
seine Töchter Adele und Lina
    und Mizzi und Dora
    und Lizzi und Lora,
die lebten gemeinhin in China.

Dieser ältere Herr aus den Staaten
rollte Bierfässer auf die Karpaten.
    Dann trieb er's noch bunter:
    Er rollte sie runter,
der Kraftmeier aus den Staaten.

Dieser ältere Herr aus La Roche
war befreundet mit einem Frosch.
  Er lernte zu quaken
  und lebte von Schnaken,
der gelehrige Herr aus La Roche.

Dies Fräulein aus Wernigerode
gehorchte der neuesten Mode
und verbarg seinen Kopf
in einer Art Topf.
Da erstarrte ganz Wernigerode.

Diese Dame von den Seychellen
bemutterte die Sardellen.
Auf hoher See
gab sie ein Diner,
die Nixe von den Seychellen.

Der Kapitän dieser Schute
ließ abends auf seiner Schnute
ein Lämplein prangen,
um Fische zu fangen
mit seiner schnittigen Schute.

Diesem Jüngling aus Kohlhasenbrück
saß ein Grashüpfer im Genick.
War das ein Vergnügen?
»Da müßte ich lügen«,
sprach der Bursche aus Kohlhasenbrück.

Ein älterer Herr aus Karlsruhe
kaufte sich riesige Schuhe.
    »Auch wenn sie nicht passen«,
    sprach er gelassen,
»bewundert man mich in Karlsruhe.«

Dieser ältere Herr aus Byzanz
trug einen strahlenden Kranz
aus Hummern und Läusen,
aus Zwiebeln und Mäusen,
der fesselnde Herr aus Byzanz.

Dieser ältere Travemünder
aß immer nur Feueranzünder.
Was einen erschreckte,
war, daß es ihm schmeckte,
dem sonnigen Travemünder.

Diese ältere Dame aus Brühl
befreite sich aus dem Gewühl
mit unfairen Griffen,
mit Tritten und Püffen,
die beherzte Dame aus Brühl.

Dieser Herr auf dem Krokodil
verfolgte ein höheres Ziel.
Doch man sagte ihm dreist:
»Paß auf, wenn es beißt,
dann kommst du niemals zum Ziel.«

Einem Fremden auf Lanzarote,
der plötzlich zu kreischen drohte,
rief man zu: »Lieber nicht,
armseliger Wicht!
Sonst gibt's Haue auf Lanzarote.«

Diese reizende Dame aus Meppen
unterwies ihre Entchen im Steppen.
Der einzige Haken
war das ewige Quaken.
Das kränkte die Dame aus Meppen.

Dieser Herr mit den alten Galoschen
betonte: »Ihr habt mich verdroschen.« –
»Wir schenken dir Obst,
obwohl du so tobst,
und wir schenken dir neue Galoschen.«

Diesen älteren Dichter aus Eger
verspottete sein Verleger:
»Ihr Kopf ist im Eimer,
Sie elender Reimer!«
Das schmerzte den Dichter aus Eger.

Diesе Dame aus Lillehammer
hat nachts in der Speisekammer
die Mäuse hofiert
und mit Puffreis dressiert,
das Herzchen aus Lillehammer.

Am Verschiebebahnhof zu Trier
saß ein weinender Passagier.
Man weiß zur Genüge:
Es gibt keine Züge
am Verschiebebahnhof zu Trier.

# VI

# *Allgemeine Koch- und Blumenkunst nach Prof. Quetsch*

Aus den *Neuesten Nonsense-Nachrichten* (August 1870): Die folgenden Mitteilungen unseres geschätzten und hochgelehrten Mitarbeiters Professor Quetsch, dessen Forschungen auf dem Gebiet der kulinarischen und botanischen Wissenschaften Weltruf genießen, werden für unsere Leser sicher von großem Interesse sein. Die ersten drei Beiträge verdienen es, in den Rezeptkasten jeder Familie Eingang zu finden, während die darauffolgenden Hinweise die Aufmerksamkeit aller Botaniker finden dürften. Wir sind in der glücklichen Lage, unter Mitwirkung von Dr. Quetsch die Entdeckungen, die er gemacht hat, in illustrierter Form unsern Lesern vor Augen zu führen. Die neu gefundenen Blumen finden sich im Verrickwier-Tal, unfern des Schießkraut-Sees, und auf dem Gipfel des Wüchselbergs.

## *Drei Rezepte für die häusliche Küche*

### Amblonellen-Kuchen

Man nehme 4 Pfund (oder sagen wir: 4½ Pfund) frische Amblonellen und lege sie in ein kleines irdenes Töpfchen. Mit Wasser auffüllen und acht Stunden lang ununterbrochen

bei kleinem Feuer abkochen. Einen knappen Liter frischer Milch zugeben und vier weitere Stunden ziehen lassen.
Wenn die Amblonellen ganz weich geworden sind, nehme man sie aus der Brühe und lege sie, nach kräftigem Schütteln, in eine offene Pfanne.
Mit geriebener Muskatnuß abschmecken, gemahlene Pfefferkuchen, reichlich Curry und Cayenne-Pfeffer darübergeben, die Pfanne ins Nebenzimmer tragen und dort auf den Fußboden stellen. Alsbald bringe man das Ganze in die Küche zurück und lasse es eine dreiviertel Stunde lang schmoren. Vom Feuer nehmen und aus Leibeskräften schütteln, bis die Amblonellen ganz blaßviolett geworden sind.
Sorgfältig auf den glattgestrichenen Hefeteig verteilen, eine kleine Taube, zwei Scheiben Rindfleisch, vier Köpfe Blumenkohl und eine beliebige Menge von Austern zugeben und rasch mit Hefeteig zudecken.
Während der Kuchen aufgeht, ab und zu eine Prise Salz darüberstreuen. In einer sauberen Schüssel anrichten und so schnell wie möglich aus dem Fenster werfen.

## Krimbibbel-Koteletts

Man nehme einige Scheiben feines Rindfleisch, schneide es in winzige Streifen, schneide die winzigen Streifen in noch winzigere Streifen und wiederhole das Ganze ungefähr acht- oder neunmal.

Wenn das Fleisch ganz fein gehäckselt ist, rasch mit einer neuen Kleiderbürste abstreifen und mit einem Salzlöffel oder einer Suppenkelle rasch und bis zur Bewußtlosigkeit glattrühren.

Den Teig in einen emaillierten Topf geben, in die Sonne stellen – am besten auf das Dach, falls dort keine Spatzen oder andere Vögel anzutreffen sind – und eine gute Woche lang gehen lassen.

Wenn der Teig geruht hat, eine Prise Lavendel, etwas Mandelöl und einige Heringsgräten zugeben, mit knapp zwanzig Litern fein abgeklärter krimbibbeliger Sauce übergießen und auf den Tisch bringen.

Man serviere das Ganze in gewöhnliche Koteletts geschnitten und in ein sauberes Tischtuch gewickelt.

## Gargel-Pastetchen

Man nehme ein Schwein im Alter von drei bis vier Jahren und binde es mit dem Hinterlauf an einen Stegreif-Pfosten an; dann lege man ihm 5 Pfund Korinthen, 3 Pfund Zucker, einen

halben Scheffel Erbsen, 18 gebratene Roßkastanien, eine Kerze und sechs Zentner Kuhrüben vor; wenn das Schwein dieselben frißt, lege man fortwährend neue Nahrung nach.
Ein wenig Rahm, einige Scheiben Edamer Käse, vier Ries Foliopapier und ein Päckchen schwarzer Stecknadeln werden zu einem gleichmäßigen Teig verrührt, ausgerollt, und zum Trocknen auf ein sauberes Tuch aus braunem, wasserdichtem Leinen gelegt.
Wenn der Teig völlig trocken ist, aber auf keinen Fall vorher, schlägt man das Schwein mit einem dicken Besenstiel kräftig durch. Wenn es quiekt, gibt man noch ein paar Schläge dazu.
Den Teig und das Schwein einige Tage lang abwechselnd heimsuchen und nach Ablauf dieser Frist nachsehen, ob aus diesen Zutaten Gargel-Pastetchen geworden sind.
Sollte sich herausstellen, daß dies nicht der Fall ist, so lasse man das Schwein laufen und alle Hoffnung fahren.

Löffelblättrige
Flaschenwurz

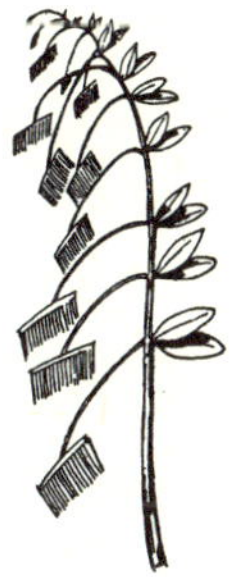

Läuse-
Kammkraut

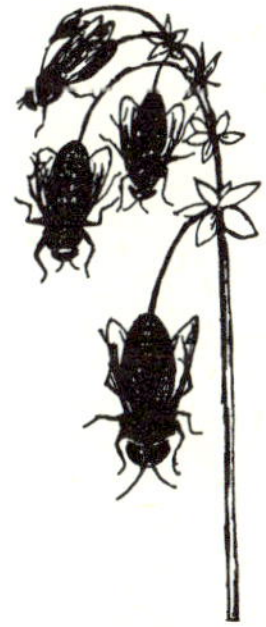

Breitflüglige
Summglockenblume

Gemeiner
Fünfvogel

Riesen-
Fetterbse

Gefleckte
Marzipan-Malve

Vielköpfige
Hängenelke

Bunter
Gitarren-Schöterich

Einmäuliger
Wiesen-Sittich

Längliches
Hummelpfeifchen

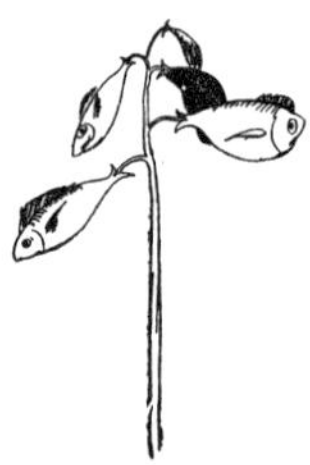

Fischblättriges
Schuppenkraut

Wohlriechende
Schweins-Traube

Hasen-
Schulglocke

Zifferblättrige
Taschenzwiebel

Gemeiner
Sumpfbottich

Fünfblättriges
Tigermäulchen

Echter
Ackerbesen

Glänzendes
Schneckblatt

Süßes
Tellerblümchen

Durchwachsener
Stiefel-Klee

Kräutertee-
Kesselkraut

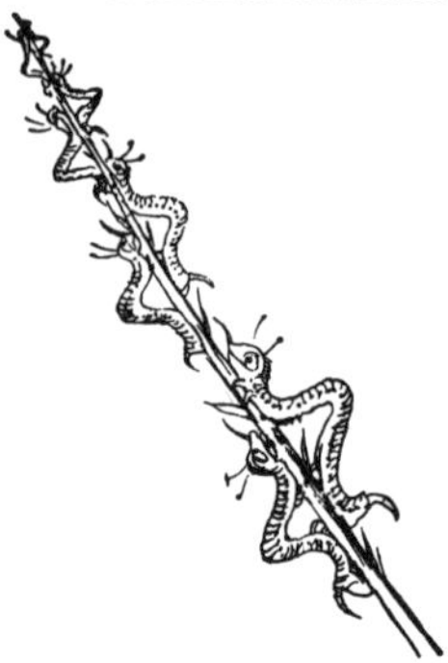

Nacktsamiger
Raupenpfeffer

Gackeldottrige
Fetthenne

Bissige
Hundsnessel

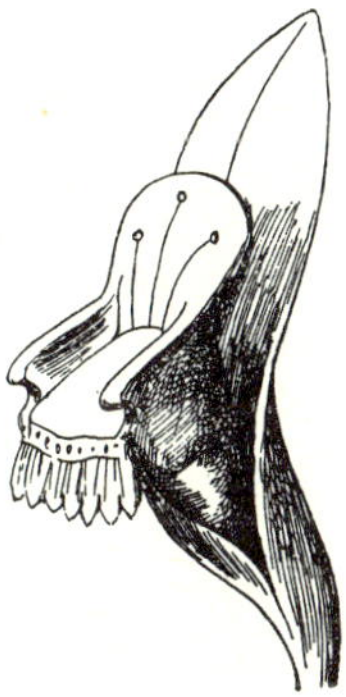

Seßhafte
Weichwurz

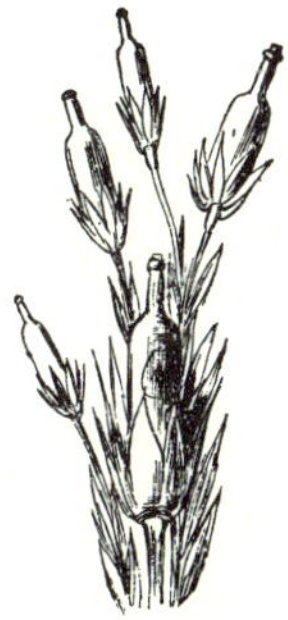

Burgundischer
Schluckampfer

Seifige
Blasenkirsche

Krebsrote
Zwicknessel

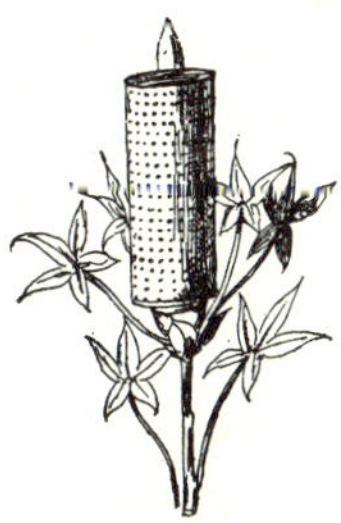

Gemeine
Küchenreibe

Suppen-
Schöpfkraut

Windiger
Hecken-Bläsling

Quengliges
Kindsröschen

VII

# *Die dritten siebzig Limericks, nebst sieben Zugaben*

Dieser üppige Jüngling aus Bühl,
der als Kind in den Teekessel fiel,
steckt heute noch drin
bis zum Doppelkinn;
denn er fraß ohne Maß und Ziel.

Diese Dame aus Erlenstegen
ließ zwölfmal am Tage fegen,
ließ alles beschmutzen
und dann wieder putzen,
der Drachen von Erlenstegen.

Diese junge Dame aus Stockton,
deren Haare sich wundersam lockten,
blieb überall hängen,
auch auf einsamen Gängen,
die lockige Dame aus Stockton.

Einst ließ der Pfarrer von Düren
sich von einer Fliege entführen.
»Das ist ja famos!
Jetzt sind wir ihn los«,
rief die Gemeinde von Düren.

Die Erbprinzessin von Hessen
war ganz auf ihr Ferkel versessen.
Sie ging auf Tournee,
und es riefen: »Olé!«
die begeisterten Bürger von Hessen.

Diese Diva besaß eine Nase,
die wuchs in erstaunlichem Maße.
Sie rang die Hände:
»Wo ist nur das Ende
meiner unbegreiflichen Nase?«

Die Hausdame auf Villa Hügel,
die spendete ihrem Geflügel
erfrischende Kühle,
fern vom Gewühle
der Gäste von Villa Hügel.

Ein jüngerer Helgoländer
trug immer geflickte Gewänder.
  Als man ihn fragte,
  ob ihm das behagte,
da nickte der Helgoländer.

Dieser alte chinesische Bauer
sah einst, wie hinter der Mauer
zwei Enten dösten.
Euch möchte ich rösten,
dachte der redliche Bauer.

Dieser Stubengelehrte aus Chur,
der pflegte sich in der Natur,
unter Elstern und Raben,
an Büchern zu laben,
ferne vom lärmenden Chur.

Es pflegte der Pfarrer von Schwerte,
wenn lieber Besuch ihn beehrte,
anstatt zu schmunzeln,
die Stirne zu runzeln,
der mürrische Pastor von Schwerte.

Dieser Herr möchte nicht genannt sein.
Er schiffte sich auf einer Gans ein.
    Bald kehrte er um.
    Man fragte: »Warum?« –
»Die Gründe dürften bekannt sein.«

Diese Flämin ist eigentlich Flame:
ein Herr in Gestalt einer Dame.
Schon zum Frühstück verspeist er
ein Kilo Kleister,
dieser damenhaft wirkende Flame.

Ein Tolpatsch versuchte in Meißen
unpassende Witze zu reißen.
»Derartige Zoten
sind hier verboten!«
drohten Zeloten aus Meißen.

Es erfreut dieser Pastor aus Bingen
die Gemeinde mit luftigen Sprüngen,
und zwar ziemlich barocken,
beim Klang einer Glocken,
der rüstige Pastor von Bingen.

Ein Herr aus der Grafschaft Newman
ernährte sich mühsam von Krumen.
    Inmitten der Spatzen
    ließ er sich atzen
auf den steinigen Straßen von Newman.

Gelobt sei der Bischof von Lincoln!
Auf seinem gewaltigen Zinken
    blies er Posaune.
    Bei heiterster Laune
hielt er die Bürger von Lincoln.

Dieser Jüngling aus Budapest
stellt sich, aus schierem Protest,
auf den eigenen Kopf,
der rebellische Tropf,
und zwar mitten in Budapest!

Diese Dame vom Peloponnes
saß ihr Lebtag in einem Gefäß.
  Sie fand das schließlich
  nicht weiter verdrießlich,
der Engel vom Peloponnes.

Dieser Herr aus Châlons-sur-Marne
verspeiste in seinem Karren
  ganz etepetete
  eine Wildpastete,
der Feinschmecker von der Marne.

Dieser Ureinwohner von Stadel
verdient unsern heftigsten Tadel:
    Er betrat den Rasen
    und zerschmiß alle Vasen
im weiteren Umkreis von Stadel.

Diese alte Jungfer aus Bristol
ließ sich nieder auf einer Distel.
    Dort band sie ihr Schleifchen
    und blies ihr Pfeifchen
für die lieben Verwandten aus Bristol.

Dieser Denker aus den Argonnen
fürchtete sich vor der Sonnen.
Mit einem Schirmchen
beschützt' er sein Hirnchen,
das Männchen aus den Argonnen.

Der Herr Lehrer aus Ninive
lud mehrere Käuzchen zum Tee.
»Es ist unangemessen,
Mäuse zu fressen«,
sprach der Lehrer aus Ninive.

Dieser Stelzenläufer aus Baden
war ein Künstler von Gottes Gnaden.
   Die Bewunderer wanden
   ihm Blumengirlanden,
dem tollkühnen Läufer aus Baden.

Dieser Referendar aus Sankt Gallen
war der Kapernsauce verfallen.
    Ob er sich nicht schäme,
    fragt ihn voll Häme
der Stadtschulrat von Sankt Gallen.

Dieser arme Verwandte aus Banz
trug im Gesicht einen Schwanz.
  Daß man seine Quaste
  einfach betaste,
verbat sich der Onkel aus Banz.

Es fächelte kühlenden Wind zu
seiner Schwiegertochter aus Chin-tzu
dieser Herr, doch leider
köpfte die Maid er,
der Schwiegervater aus Chin-tzu.

Dieser wilde Reiter aus Mähren
sattelte einst einen Bären.
  Zur Wut der empörten
  Landesbehörden
durchritt er ganz Böhmen und Mähren.

Es aß dieser Sänger aus Schonen
zu Mittag nur anderthalb Bohnen.
»Derartige Mähler
machen mich schmäler«,
hoffte der Sänger aus Schonen.

Ein Tanzlehrer aus Bad Ischl
ersann einen Kurs für die Fischel.
Als die Schüler verstarben,
mußte er darben,
der Tanzlehrer aus Bad Ischl.

Einst lebte in Wedel ein Mädel
mit würfelförmigem Schädel.
Mit Federn geschmückt,
hat hell sie entzückt
die Junggesellen von Wedel.

Einst bat dieser Jüngling am Wannsee
eine Stubenfliege zum Tanze.
Man fragt' ihn, warum er
mit diesem Brummer
Rheinländer tanze am Wannsee?

Dieser Jüngling aus Gunzenhausen
mit der Figur eines Straußen
entlief zum Bedauern
der dortigen Bauern
für immer aus Gunzenhausen.

Eines Nachts an der Lüderitzbucht
ergriff dieser Herr die Flucht
samt seiner Kebse
vor einem Krebse
aus den Tiefen der Lüderitzbucht.

Dieses sorglose Mädchen aus Bari
redete nur Larifari
    und rannte im Trab
    immer bergab
auf der schiefen Ebene von Bari.

Dieser Herr hat um seinen Bart
ein Geschwader von Elstern geschart.
  Ihm überläßt er,
  zugunsten der Nester,
den schütterer werdenden Bart.

Diese junge Dame aus Preston
pflegt ihren Köter zu mästen
mit Truthahn-Filet
und Brombeer-Püree,
die tierliebe Dame aus Preston.

Es sang einst aus Lohr ein Tenor
Enten und Schweinen vor.
    Er brachte mit Feigen
    die Tiere zum Schweigen,
der weltberühmte Tenor.

Dieser Reisende aus der Türkei
nahm Platz in der Sakristei.
Es ist ungewohnt,
daß dort immer noch thront
der Dauergast aus der Türkei.

Über diesen Jüngling aus Wöhrd
war sein Herrenschneider empört.
  Der riesige Kragen,
  den jener getragen,
hat ihn völlig verstört.

Dieser ältere Herr aus Cochem
hat eigentümlich gerochen.
Es gebe doch Seife!
Ob er das nicht begreife,
fragt man den Penner aus Cochem.

Diese Dame im Sonntagsstaat
trug ein Plissee aus Spinat.
Ein scheckiges Kalb
zerknabberte halb
den spinatgrünen Sonntagsstaat.

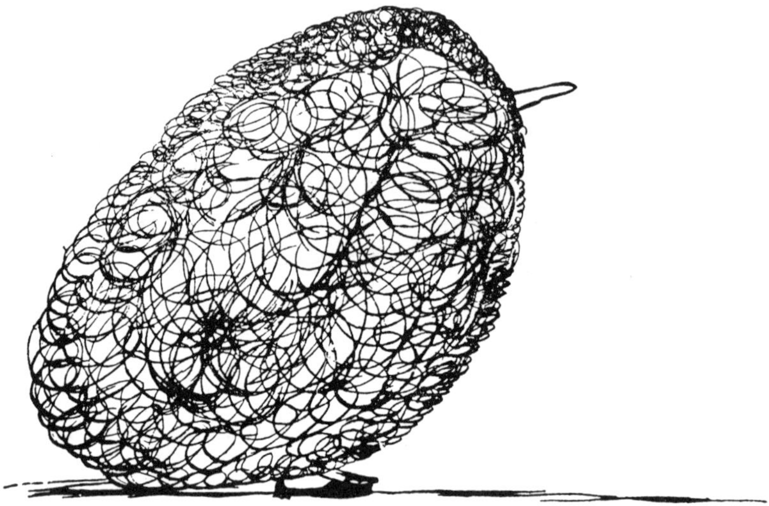

Dieser ältere Herr aus Brügge
gönnte sich eine Perücke.
Außer Nase und Zehen
war nichts mehr zu sehen
von dem alten Charmeur aus Brügge.

Dieser ältere Herr aus Leicester
besuchte Höhlen und Nester,
um mit Uhus und Eulen
gemeinsam zu heulen,
der alte Griesgram aus Leicester.

Es stritt sich mit zwei Papagein
diese Jungfrau aus Hiltpoltstein.
Sie klagte: »Ach hätt' ich
doch noch einen Rettich
für mich, für mich ganz allein!«

Dieser junge Herr aus Odense
schnitt den Braten stets mit der Sense.
»Damit niemand quengelt:
Sie ist frisch gedengelt«,
rief der junge Mann aus Odense.

Mit einem Ferkel im Kremser
sah man kürzlich einen Bad Emser
 und mit mehreren Käuzen
 schadenfroh kreuzen
die Kurpromenade im Kremser.

Dieser Herr, ein Landsmann von Goethe,
bestieg eine Suppenschildkröte.
Er kam nicht vom Fleck,
doch genau diesen Zweck
verfolgte der Landsmann von Goethe.

Dieser stolze Jüngling aus Nizza
fand ein Hündchen ohne Besitzer.
    Auf allen vieren
    führt er's spazieren,
der gefällige Jüngling aus Nizza.

Dieser Landsmann von Anzengruber
ruderte in einem Zuber
über den See.
»Ich sinke! O weh!«
rief der Landsmann von Anzengruber.

Einst lebte ein Ratsherr in Lehrte,
der am liebsten mit Gänsen verkehrte.
Mit diesen Tieren
ging er spazieren
auf den wichtigsten Straßen von Lehrte.

Dieser ältere Friese aus Leerssen
ging immer nur auf den Fersen.
Gefragt, weswegen,
schwieg er verlegen,
der wortkarge Friese aus Leerssen.

Dieser Bauer aus Iskenderun
trug in seinen Schnabelschuhn
  ein gekochtes Ei.
  Er fand nichts dabei.
Das ist üblich in Iskenderun.

Dieser tückische Jüngling aus Meppel
schleuderte Birnen und Äppel
nach seinen Verwandten,
Onkeln und Tanten,
unterm Jubel der Kinder von Meppel.

Ein älterer Herr aus Marktbreit
war das dortige Klima leid.
Ein wildes Karnickel
war das Vehikel
seiner plötzlichen Flucht aus Marktbreit.

Dieser Knabe aus Savonlinna
ward täglich länger und dünner.
Ohne zu grollen,
ließ er sich rollen,
der Jüngling aus Savonlinna.

Dieser ältere Herr aus Den Haag
trachtete immer danach,
Spinnen zu kauen
und still zu verdauen,
der eklige Mensch aus Den Haag.

Es biß diesen Herrn aus Ferrara
in die Nase ein wütender Ara.
  Wie das nur kam?
  Er war doch ganz zahm!
Das tröstet den Herrn aus Ferrara.

Dieser Jüngling aus Alma Ata
tanzte mit seinem Kater
und trank Tee aus dem Hut,
dieser Tunichtgut
aus der fernen Stadt Alma Ata.

Dieser ältere Herr aus Laos
beugt sich zum Fenster hinaus
und verkündet: »Man irrt!
Ich stamme aus Fürth
und war nie im Leben in Laos.«

Dieser ältere Herr aus Timbuktu
sprach: »Wenn ich mal einen Schluck tu,
dann tu ich's im Wasser.
Dort schmeckt es noch nasser.«
Der trinkfrohe Herr aus Timbuktu!

Dieser Herr von der dänischen Grenze
briet in einem fort Gänse.
Mit Senf beschmiert
und mit Veilchen verziert
verschob er sie über die Grenze.

Dieses Mädchen aus Kamerun
fragte dauernd: »Was soll ich nur tun?«
  Man riet ihr zu passen,
  doch sie konnt' es nicht lassen,
die Törin aus Kamerun.

Diese Megäre aus Weiden
konnt' ihre Töchter nicht leiden.
Statt sich zu zügeln,
begann sie zu prügeln.
Zustände sind das in Weiden!

Dieser ältere Herr aus Toulon
bat immerzu um Pardon.
Als man fragte: »Wofür?«
rief er: »Hier ist die Tür!
Verschwinden Sie aus Toulon!«

Es verlangte ein Rentner aus Britz
nach einem gemütlichen Sitz.
    Ein alter Zylinder,
    nicht mehr und nicht minder,
fand sich für den Rentner aus Britz.

Dieser geistliche Herr aus Essen
hat sein Hütlein reichlich bemessen.
Es braucht niemand zu zittern
vor Sommergewittern
im weiteren Umkreis von Essen.

Dieser kichernde Herr aus Dresden
machte unbegreifliche Gesten.
Doch behob man die Krise
mit einer Prise
für den schwierigen Herrn aus Dresden.

Diesem öden Jüngling aus Calw
folgten, man fragt sich weshalb,
Mäuse und Katzen,
Schlangen und Ratzen
folgten dem Jüngling aus Calw.

Eine Jungfrau trat vor uns hin:
»Sofort einen doppelten Gin!«
»Es gibt leider nur Wasser.«
Da ward sie noch blasser,
und ohnmächtig sank sie hin.

Diese Forscherin aus Maastricht
– ihre Forschungen kannte man nicht –
saß täglich am Strand
in adrettem Gewand
und schrieb einen Forschungsbericht.

Diesen kritischen Herrn aus Kaufbeuren
hörte man hämisch beteuern,
er wolle mitnichten
mit seinen Gedichten
das Bildungswesen erneuern.

Dieser Jüngling aus Moçambique
besaß einen Schubkarrn aus Teak,
denn er hatte den Sparren,
seine Liebste zu karren
durch die Steppen von Moçambique.

Dieser ältere Herr aus Aurich
sang herzergreifend und traurig.
Dazu schlug er den Takt
nur allzu exakt,
der pedantische Herr aus Aurich.

Dieser Herr aus Maria Laach,
der sich mit einer Gabel erstach,
wurde, ehrlich gesagt,
nicht weiter beklagt
im Landkreis Maria Laach.

Dieser ältere Herr aus Kabul
bestieg einen turmhohen Stuhl,
um alsbald zu betonen,
hier bleibe er wohnen,
der beharrliche Herr aus Kabul.

# VIII

# *Die Geschichte von den vier Kindern, die eine Weltreise machten*

Es waren vor langer, langer Zeit einmal vier Kinder, die hießen

LILLY, FRIEDEL, GROCK und MORITZ;

und weil sie gern die ganze Welt sehen wollten, kauften sie sich ein Segelboot; sie hatten nämlich vor, bis ans Ende der Welt zur See zu fahren und auf dem Landweg zurückzukehren. Ihr Schiff war blau angemalt und grün getüpfelt, und das Segel war gelb mit roten Streifen; als sie aber in See stachen, nahmen sie weiter niemanden mit als eine kleine Katze, die den Steuermann abgab, und einen älteren Klangel-Wangel, der sollte das Essen machen und Tee kochen; zu diesem Zweck luden sie sich einen großen Teekessel auf, denn man kann nie wissen.

Die ersten zehn Tage lang kamen sie recht gut vorwärts; auch fanden sie genug zu essen, denn es gab Fische in Hülle und Fülle, die brauchten sie nur mit einem großen Löffel aus dem Meer holen, und schon warf sie der Klangel-Wangel in die Pfanne, und die Katze bekam die Gräten, womit sie im großen und ganzen zufrieden war, und somit ging es der ganzen Reisegesellschaft ausgesprochen gut.
Lilly vertrieb sich die Zeit hauptsächlich damit, daß sie Salzwasser in ein Butterfaß füllte. Ihre drei Brüder mußten dann darin herumrühren, was das Zeug hielt, in der Hoffnung, Butter draus zu buttern, was ihnen jedoch, wenn überhaupt,

nur in den seltensten Fällen gelang; abends aber zogen sie sich alle in den Teekessel zurück, wo sie ganz gemütlich einschliefen, während die Katze und der Quangel-Wangel sich um das Schiff kümmerten.

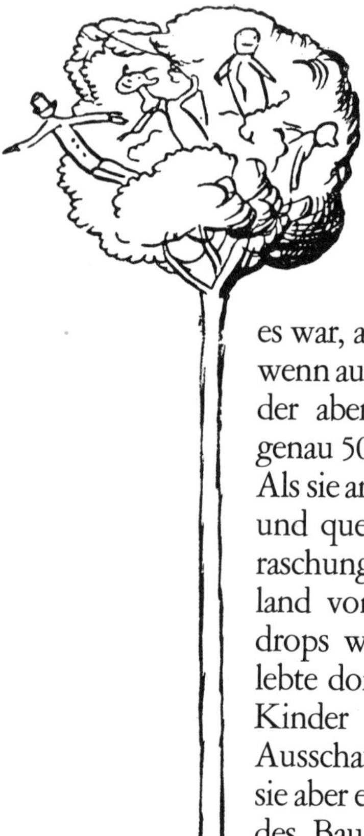

Nach einer Weile kam in der Ferne Land in Sicht, und als sie näher segelten, entdeckten sie, daß es eine Insel aus lauter Wasser war, die ringsum von Erde umgeben war. Übrigens grenzte diese Insel an eine Kette von schummrigen Isthmussen, die ein gewaltiger Golfstrom benetzte; es war, alles in allem, eine wunderschöne Insel, wenn auch nur ein einziger Baum darauf wuchs; der aber war dafür ziemlich hoch, nämlich genau 503 Fuß.

Als sie an Land gegangen waren, liefen sie kreuz und quer herum; und zu ihrer großen Überraschung stellte sich heraus, daß das ganze Eiland von Kalbsschnitzeln und Schokoladendrops wimmelte. Ansonsten aber leibte und lebte dort überhaupt nichts. Da kletterten die Kinder auf den einzigen Baum und hielten Ausschau nach den Bewohnern der Insel. Als sie aber eine ganze Woche lang auf dem Wipfel des Baumes zugebracht und niemanden gesehen hatten, kamen sie ganz von selber zu dem Schluß, daß die ganze Gegend menschenleer war. Also kletterten sie wieder herunter und beluden ihr Schiff mit zweitausend Schnitzeln und einer Million Schokoladendrops, von denen sie einen ganzen Monat lang in Saus und Braus lebten, und während dieser Zeit setzten sie ihre Reise mit dem größten Vergnügen und Stumpfsinn fort.

Dann aber erreichten sie eine Küste, wo nicht weniger als fünfundsechzig große rote Papageien mit blauen Schwänzen aufgereiht auf einer Stange saßen und felsenfest schliefen. Es muß leider gesagt werden, daß die Katze und der Quangel-Wangel sich hinschlichen und den fünfundsechzig Papageien sämtliche Schwanzfedern ausrissen, weswegen ihnen Lilly die ernsthaftesten Vorhaltungen machte.

Das hinderte sie aber keineswegs daran, sich die Federn, zweihundertsechzig an der Zahl, an ihren Hut zu stecken, wodurch sie ihm ein liebliches und prächtiges Aussehen und eine äußerst anziehende und effektvolle Note verlieh.

Ihr nächstes Abenteuer passierte in einer Meerenge, die derartig mit Fischen überfüllt war, daß das Schiff darin steckenblieb. Dort hielten sie sich sechs Wochen lang auf, bis sie beinah alle Fische aufgegessen hatten, und zwar waren es Seezungen

blau in Krabbensauce, so daß sie überhaupt keine Mühe mit der Zubereitung hatten. Da sich aber ein paar Fische, die übriggeblieben waren, über die Kälte beschwerten und behaupteten, sie könnten kaum mehr einschlafen, weil die Polarbären und die Tropischen Tropfenfänger, die jene Meereszonen in riesigen Herden heimsuchen, einen Heidenlärm machten, strickte Lilly netterweise für etliche Fische kleine wollene Überzieher, und Friedel verabreichte ihnen Baldriantropfen. Durch diese freund-

lichen Handreichungen wurde es den Fischen bald ganz warm ums Herz und sie schliefen wie die Murmeltiere.
Als nächstes kamen sie in eine Gegend, die ganz mit Riesen-Orangenbäumen von ausgezeichneter Größe bedeckt war. Da gingen sie rasch an Land und nahmen ihren Teekessel mit, um Orangen zu pflücken und sie darin heimzutragen. Kaum aber hatten sie mit der Ernte begonnen, da erhob sich ein scheußlicher Sturm, der die Papageienfedern auf Lillys Hut fast alle herunterblies. Das war aber noch gar nichts im Vergleich zu der Wucht, mit der Millionen und Abermillionen von Orangen

auf ihre Köpfe herunterfielen, daß es nur so rasselte und prasselte und dumpelte und rumpelte, bis ihnen nichts anderes mehr übrigblieb, als die Beine in die Hand zu nehmen und um ihr Leben zu rennen, ganz abgesehen von dem Geschepper von fürchterlicher und verblüffender Art, daß die fallenden Orangen auf dem Teekessel veranstalteten.
Immerhin erreichten sie unversehrt das Schiff, wenn auch peinlich berührt und voller blauer Flecken. Noch dazu hatte der Quangel-Wangel sich den rechten Fuß dermaßen verstaucht, daß er mindestens eine Woche lang den Kopf im Pantoffel tragen mußte.

Dieser Vorfall stimmte sie eine Zeitlang ziemlich wehmütig, und wer weiß, vielleicht wären sie ihrer Lebtage wehmütig geblieben, wäre nicht Moritz auf den edlen Gedanken verfallen, mit größter Ausdauer und Hingabe auf einem Bein herumzutanzen und dabei lustig und lauthals zu pfeifen, was die ganze Gesellschaft derartig entzückte, daß ihre Gemüter sich allmählich wieder aufrichteten; und sie beschlossen, nach ihrer glücklichen Rückkehr in die Heimat eine Sammlung zu veranstalten, zugunsten eines Denkmals, das sie Moritz, aus Heimbeeren und Honigkuchen, als dauerndes Zeichen ihrer aufrichtigen und dankbaren Abneigung, errichten wollten.

Nachdem sie nun in aller Ruhe ein paar Tage lang weitergesegelt waren, kamen sie in ein anderes Land, wo sie, zu ihrer angenehmen Überraschung, eine zahllose Menge von weißen Mäusen mit roten Augen antrafen, die allesamt in einem

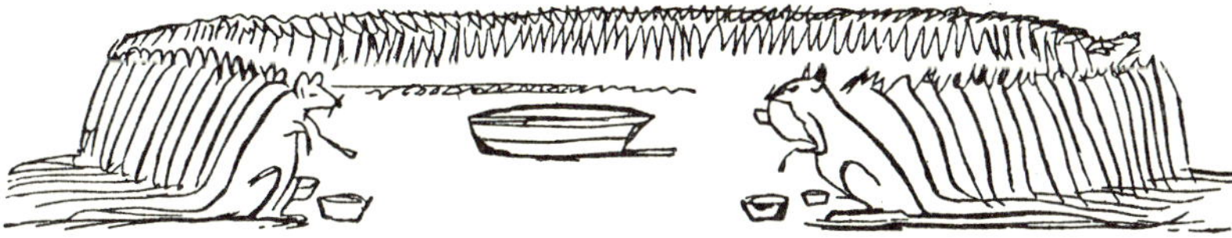

großen Kreis versammelt waren und mit den vortrefflichsten und gewähltesten Tischmanieren bedächtig ihren Mandelpudding aufaßen.

Da aber die vier Reisenden ziemlich hungrig waren – denn sie hatten es satt, ewig nur Seezungen und Orangen zu essen –, hielten sie eine Beratung ab über die Frage, ob es gehörig wäre, die Mäuse auf bescheidene und ergreifende Art und Weise, die sie nicht anders als angenehm würde berühren können, um etwas Pudding zu bitten. Sie kamen zu dem Schluß, daß Grock ihren Wunsch den Mäusen vortragen sollte, was dieser augenblicklich tat, mit dem Ergebnis, daß diese eine halbe Nußschale voll Pudding hergaben, der noch dazu mit Wasser verdünnt war. Dieses Betragen nun verdroß Grock, der mißbilligend sagte: »Wo ihr derart viel Pudding habt, finde ich es beschämend, daß ihr uns keine größere Portion anbietet!« Kaum aber hatte er diesen Satz ausgesprochen, da wandten sich sämtliche Mäuse ihm zu, alle auf einmal, und niesten ihm

auf ruchlose und boshafte Weise ins Gesicht (und es ist unmöglich, sich ein krupfigeres und mißliebigeres Geräusch vorzustellen als jenes, das viele Millionen wütender Mäuse hervorbringen, wenn sie alle gleichzeitig niesen), so daß Grock, so schnell er konnte, auf das Schiff sprang, nicht ohne zuvor noch seine Mütze in den Puddingtopf zu schleudern, wodurch er den Mäusen ihre Mahlzeit gründlich verdarb.

Nach und nach gelangten die vier Kinder in eine andere Gegend, wo es keine Häuser, dafür aber eine unglaubliche und unzählige Zahl von großen, unverkorkten Flaschen gab, die in einem empfindsamen und süßen Blau strahlten. Jede dieser blauen Flaschen enthielt eine Schmeißfliege, und alle diese interessanten Tiere führten miteinander ein Dasein in üppiger und ländlicher Harmonie, so daß es vielleicht wenige Erdstriche gibt, wo ein so vollkommenes und niederträch-

tiges Glück zu finden ist. Auf Lilly, Friedel, Grock und Moritz machte diese einzigartige und lehrreiche Ansiedlung einen bleibenden Eindruck, und nachdem sie zuvor die Schmeißfliegen um Erlaubnis gebeten hatten, die auf das gnädigste gewährt wurde, zogen sie ihr Boot an Land und machten sich daran, im Angesicht der blauen Flaschen ihren Tee zu kochen. Da sie aber keine Teeblätter mehr hatten, warfen sie einige Kieselsteine in das kochende Wasser, und der Quangel-Wangel spielte auf der Ziehharmonika ein paar Liedchen dazu, wodurch der Tee, und zwar ein Tee vom allerfeinsten Aroma, im Nu fertig wurde.

Die vier Kinder knüpften alsdann eine Unterhaltung mit den Schmeißfliegen an, die ihnen in mildem und gebildetem Tone antworteten, wenngleich ihr Akzent etwas surrig war; das ist aber kein Wunder, wenn man bedenkt, daß jede von ihnen eine kleine Kleiderbürste zwischen den Zähnen trug, was natürlich eine fremdartige und spricklige Aussprache zur Folge hat.

»Warum nur«, sagte Lilly, »wohnt ihr, wenn die Frage gestattet ist, in Flaschen? Und wenn schon in Flaschen, warum nicht in grünen oder violetten, oder meinetwegen sogar in gelben Flaschen?«

Auf diese Frage erwiderte eine sehr alte Schmeißfliege: »Diese Flaschen haben wir, oder vielmehr schon unsere Ur-ur-urgroßeltern hier vorgefunden, und zwar fix und fertig. Da wir aber Schmeißfliegen sind, haben wir uns, ohne zu zögern, in die Flaschen geschmissen. Sobald nun der Winter naht, stellen wir sie auf den Kopf, wodurch die Kälte nicht in sie eindringen kann, wir also in der Wärme hausen; und wie ihr wißt, gibt es nur eine einzige Flaschenfarbe, die vor der Kälte schützt, und das ist Blau.«

»Das ist klar«, versetzte hierauf Friedel, »doch wovon, wenn die Frage gestattet ist, lebt ihr eigentlich in der Hauptsache?«

»In der Hauptsache«, sprach die Schmeißfliege, »von Austern-Pastetchen; im Notfall aber auch von Himbeer-Essig und Saffianleder-Gelee.«

»Ihr seid die reinsten Feinschmecker!« sagte Grock.
Und Moritz fügte hinzu: »Hurr!«, worauf die Schmeißfliegen erwiderten: »Surr!«
Nunmehr erhob sich eine greise Fliege und gab bekannt, daß es an der Zeit sei, das Abendlied zu singen; und auf ein gewisses Zeichen hin begannen alle Schmeißfliegen auf einmal und auf sonore und samtige Art und Weise zu summeln und zu grummeln, mit jener schmeichlerischen und schleimigen Süßigkeit, die nur tugendhaften Herzen vergönnt ist, und ihre melodischen und mulmigen Klänge schallten weit über die Wellen hin und hallten wider von den glänzenden Gipfeln der ragenden und grasigen Gebirge, auf denen muntere Meisen saßen. Der milde Schein des Mondes sabberte vom sternbeschmierten Firmament, und sein Licht überschwemmte die glatten glitzernden Flügel und Fühler und Füßchen der Schmeißfliegen mit seiner bleichen und banalen Pracht, und die ganze Natur leuchtete herrlich wider von diesem sprühenden und speziellen Spektakel.
Noch nach vielen, vielen Jahren sollten die vier kleinen Reisenden sich an diesen Abend, einen der glücklichsten ihres ganzen Lebens, voller Sehnsucht erinnern; und es hatte schon Mitternacht geschlagen, als sie, nachdem der Quangel-Wangel

die Segel gesetzt, die Katze das Ruder ergriffen, der Teekessel und das Butterfaß ihren rechtmäßigen Platz wieder eingenommen hatten, noch einen letzten, liebevollen Abschiedsgruß mit den Schmeißfliegen austauschten, die bis zum letzten Mann an den Strand hinabgezogen waren, um den Reisenden das Geleit zu geben.

Als ein letztes Zeichen ihrer Wertschätzung und ihrer Hochachtung schmiß Lilly sich, ebenso wie die Schmeißfliegen, zu Boden und steckte der schönsten unter ihnen eine der allerletzten Papageienfedern, die ihr geblieben waren, in den Schopf, während Friedel, Grock und Moritz ihren Gastgebern drei Büchschen überreichten, die mit schwarzen Stecknadeln, beziehungsweise Dörrfeigen, beziehungsweise Hoffmann's

Stärke gefüllt waren; und so verließen sie für immer jene glücklichen Gestade.

Überwältigt von ihren Gefühlen, sprangen die vier Reisenden ungesäumt in ihren Teekessel und versanken in einen tiefen Schlaf. Aber noch viele Stunden später war die ganze Küste entlang deutlich ein gewaltsam unterdrücktes Schluchzen zu vernehmen, und eine schemenhafte Schar von Lebewesen, die alle zugleich leise in ihre Schnupftücher schnupften, zeichnete sich düster und jenseits der wallenden Wogen vom Horizonte ab, während das Schiff sich immer weiter und weiter vom Land der glücklichen Schmeißfliegen entfernte.

Einige Tage nach diesen Ereignissen ereignete sich weiter nichts Besonderes, außer daß die Reisenden eine Sandbank passierten, auf der sich ihnen ein ungewöhnliches und erfreuliches Schauspiel bot; sie gewahrten nämlich eine große Schar von Krabben und Krebsen, etwa sechs- oder siebenhundert an der Zahl, die am Wasser saßen und versuchten, einen gewaltigen Haufen von blaßrosa Garn zu entwirren, das sie ab und zu mit einer Mischung von Lavendelwasser und Glühwein anfeuchteten.

»Können wir euch, o krustige Krabben, in irgendeiner Weise behilflich sein?« fragten die vier Kinder.

»Verbindlichen Dank«, antworteten der Reihe nach die Krabben. »Wir möchten uns gerne wollene Pulswärmer stricken, aber wir wissen nicht, wie.«
Darauf entgegnete Lilly, die mit der Kunst des Pulswärmer-Strickens durchaus vertraut war, den Krabben: »Lassen sich eure Zangen abschrauben, oder sind sie angewachsen?«
»Ohne weiteres lassen sie sich abschrauben«, sagten die Krabben, und schon hinterlegten sie in der Nähe des Bootes ein stattliches Häufchen von Zangen, mit deren Hilfe Lilly das ganze blaßrosa Garn auskämmte und sogleich die schönsten Pulswärmer, die man sich nur vorstellen kann, daraus strickte. Diese zogen sich die Krabben, kaum daß sie ihre Zangen wieder eingesammelt und angeschraubt hatten, mit allen Anzeichen der Freude über ihre Handgelenke und liefen behende auf ihren Hinterbeinen davon, indem sie, mit silbernen Stimmchen und in molliger Tonart, heitere Lieder trällerten.
Danach segelten die vier Kinder wieder weiter, bis sie eine endlose, weite Ebene von erstaunlicher Ausdehnung erreichten, auf der zunächst ganz und gar nichts zu erblicken war; als die Reisenden aber weiter ausschritten, trat in der Ferne eine undeutliche, aber einzigartige Erscheinung vor ihre Augen, die sich bei genauerer Betrachtung und nahtloser Untersuchung

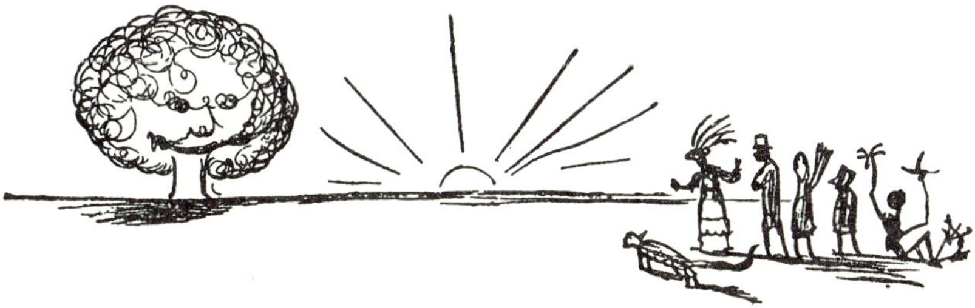

als ein Lebewesen erwies, das eine große weiße Perücke trug und auf einem Sessel aus Sandkuchen und Muschelschalen ruhte. »Wie ein Mensch sieht es eigentlich nicht aus«, sagte Lilly, und ihr Ton drückte gewisse Zweifel aus; doch konnten sie sich keine Klarheit darüber verschaffen, womit sie es zu tun hatten, bis der Quangel-Wangel, der bereits mehrere Weltreisen hinter sich hatte, mit sanfter Stimme und so laut er konnte schrie: »Das ist ja der blasphemische Blumenkohl!« Und so verhielt es sich in der Tat. Bald sollte sich zeigen, daß das, was sie für eine enorme Perücke gehalten hatten, in Wirklichkeit der Kopf eines Blumenkohls war, der zwar keinerlei Füße hatte, dafür aber auf seinem einzigen Strunk einigermaßen gut vorankam und sich mit wankelmütiger Grazie fortbewegte, dank welcher Fähigkeit er sich Strümpfe und Schuhe sparen konnte.

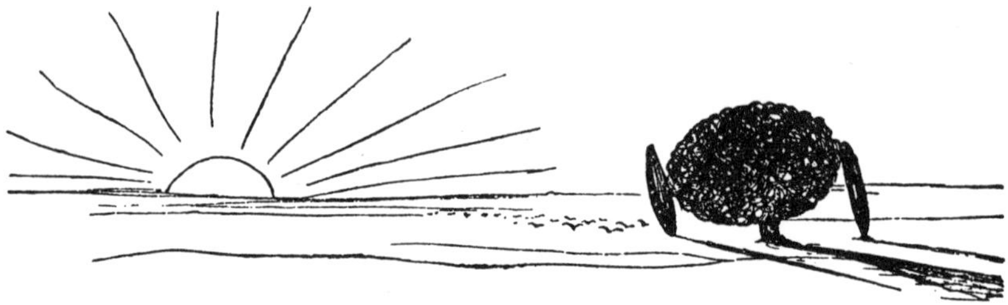

Indem ihn nun die ganze Schiffsmannschaft voller Zuneigung und Abscheu bewunderte, erhob er sich plötzlich zu seiner vollen Höhe, machte sich auf den Strunk und eilte mit dumpfem Humpeln der sinkenden Sonne entgegen, geleitet von einer Vorhut von Bachstelzen in Dreierreihen und gestützt von zwei obliegenden Geheimgurken, bis er endlich am westlichen Himmelsrand in einer kristallklaren Sandhose verschwand.
Ein so bemerkenswerter Anblick verfehlte natürlich seinen Eindruck auf die vier Kinder durchaus nicht, und sie kehrten, ohne zu säumen, mit aufkeimenden asthmatischen Gefühlen und mit großem Appetit auf ihr Schiff zurück. Wenig später mußten die Reisenden unter etlichen steinigen, weit überhängenden Klippen hindurchsegeln. Hoch oben auf einem dieser Felsen lauerte ein ganz besonders widerwärtiger kleiner

Junge, der rosarote Knickerbocker-Hosen und einen Zinnteller auf dem Kopf trug. Er lauerte und lauerte, bis er endlich auf das Boot einen riesigen Kürbis hinabschleuderte, wodurch es auf der Stelle umkippte.

Aber das machte ja überhaupt nichts aus; denn alle Mitreisenden waren ausgezeichnete Schwimmer, und es war ihnen sogar dermaßen nach einem Bad zumute, daß sie immer weiter und weiter schwammen, bis der Mond aufging und das Wasser kühler wurde; erst dann kletterten sie patschvergnügt wieder an Bord. Der Quangel-Wangel jedoch schleuderte auf die Klippe, wo der boshafte Junge in den rosaroten

Knickerbockern saß, den Kürbis, mit Schwefelhölzern gefüllt und mit derartiger Wucht zurück, daß er verstohlen in tausend Stücke zersprang, worauf der Felsen Feuer fing und der boshafte kleine Junge in der Hitze schwitzte, bis seine Knickerbocker-Hosen ganz grün wurden und seine Nase völlig abgebrannt war.

Zwei oder drei Tage nach diesem kleinen Zwischenfall kamen sie in eine andere Gegend, wo sie nicht das Geringste vorfanden, außer einigen tiefen Gruben, die mit Maulbeer-Marmelade gefüllt waren. Diese Gruben gehörten den winzigen Gelben Nasenaffen, von denen es dort wimmelt, und die sich die Maulbeer-Marmelade als Winternahrung einmachen, um sie dann, angerührt mit klarer Strandschnecken-Suppe, in den Meißener Porzellan-Suppenschüsseln, die dort auf der Wiese wachsen, ihren Gästen zu servieren. Einer der Gelben Nasenaffen bewachte die Grube, aber er war in einen tiefen Schlaf versunken. Das grauenvolle und blutrünstige Schnarchen jedoch, das er ertönen ließ, erschreckte die vier Reisenden, den Quangel-Wangel und die Katze derart, daß sie nur eine kleine Tasse von der Maulbeer-Marmelade stibitzten und so schnell wie möglich auf ihr Schiff zurückkehrten.

Wer beschreibt ihr Entsetzen, als sie ihr Boot, mitsamt dem

Butterfaß und dem Teekessel, im Maul eines ungeheuren Seht-Rachens wiederfanden! Dieses wilde, wäßrige Monster, außerordentlich gräßlich anzusehen und glücklicherweise nur in jenen übertriebenen Regionen anzutreffen, schickte sich an, das ganze schöne Schiff zu verschlingen, und ehe sie sich's versahen, war dasselbe in fünfundfünfzigtausend Millionen und hundert Billionen kleiner Krümel zerbissen, und mit einem Schlag wurde Lilly, Friedel, Grock und Moritz die krumpfige Tatsache klar, daß sie ihre Seereise nicht mehr weiter fortschwätzen konnten.

Die vier Reisenden beschlossen daher, fortan landeinwärts zu wandern, und zu ihrem Glück kam eben in diesem Moment ein graumeliertes Nashorn des Weges, dessen sie sich sogleich bemächtigten. Sie setzten sich rittlings auf seinen Rücken, der Quangel-Wangel hielt sich an seinem Horn und an den

Ohren fest, und die Katze schaukelte am Schwanz des Nashorns hinterher.
So machten sie sich auf die Reise, nur mit vier kleinen Bohnen und drei Pfund Kartoffelbrei als Wegzehrung versehen. Es gelang ihnen jedoch, allerhand Hühner und Truthähne und andere Vögel zu fangen, die sich auf dem Kopf des Nashorns niederließen, um die Samen der Rhododendron-Stauden aufzupicken, die dort wuchsen. Dieses Geflügel bereiteten sie auf scheinheilige und geschmäcklerische Art und Weise zu, indem sie auf dem breiten Rücken des Nashorns ein Feuerchen

anmachten. Eine Menge von Känguruhs und Riesenkranichen begleitete sie aus eitel Neugier und Gefallsucht, so daß sie stets genügend Unterhaltung hatten, und dergestalt zogen sie ihres Weges, in einer gewissermaßen prompten und üppigen Prozession.

So langten sie in weniger als achtzehn Wochen wohlbehalten in ihrer Heimat an, wo ihre erfreuten Verwandten sie mit Bewunderung und Verachtung empfingen, und wo sie beschlossen, ihre weiteren Reisepläne bis auf weiteres zu verschieben.

Was das Nashorn betrifft, so wurde es, zum Zeichen der unwandelbaren Dankbarkeit aller Reisenden, unverzüglich geschlachtet und ausgestopft, und noch heute kann jeder, der vorbeikommt, es als abspenstigen Abstreifer vor der Haustür ihrer Eltern bewundern.

IX

# *Sieben andere Lieder und Balladen*

*Quangel-Wangels Bibermütze*

1

Auf der grünen Berberitze
haust der Quangel-Wangel-Wicht.
Unter seiner Bibermütze
das Gesicht erkennt man nicht.
Mehr als hundertsieben Ellen
mißt die Mütze lang und breit,
und verziert ist sie mit Schellen,
und mit Knöpfen, und mit Spitze,

so daß niemand ins Gesicht
blicken kann dem Quangel-Wicht.

2

Und es spricht betrübt der Quangel-
Wangel auf der Berberitze:
»Nein, ich leide keinen Mangel
an Gelee und Roter Grütze!
Doch mich schmerzt die Einsamkeit
auf dem Berberitzen-Baume.
Niemand reißt hier oben Witze,
und das tut mir furchtbar leid.«
Und der Quangel-Wangel spricht:
»Melancholie bekommt mir nicht.«

3

Alsbald läßt sich bei ihm nieder
ein Kanarienvogel-Pärchen.
Reizend tönen ihre Lieder:
»Es ist schön hier, wie im Märchen!
Nisten möchten wir, als Gatten,
gern auf Ihrer Bibermütze.

Würden Sie uns das gestatten?
Daß sie uns vor Regen schütze,
darauf wären wir erpicht,
sehr verehrter Quangel-Wicht!«

4

Andere Gäste treten näher:
Schnecken kommen zur Visite,
Störche, Unken, Käuze, Häher,
auch die Gelbe Zirbel-Witte
mit den Korkenzieher-Beinen,
und sie rufen alle: »Bitte,
könnten wir nicht, als Touristen,
auf der Bibermütze nisten?
Ach, verstoßen Sie uns nicht,
lieber Quangel-Wangel-Wicht!«

5

Und es nahen mit Geschnatter
viele bunte Gumpel-Finken,
naht die Ringelsocken-Natter;
Zwiebel-Brehm und Nabel-Britze,

Stuben-Knaus und Blauer Bicht,
auch der Dong mit seinem Zinken,
alle wollen Hütten bauen
auf der runden Bibermütze,
so, daß es dem Quangel nicht
an Geselligkeit gebricht.

6

Und es spricht der Quangel-Wangel:
»Dieser Berberitzenbaum
wird zum reinsten Tingel-Tangel.
Alles tanzt. Mich stört das kaum;
ja, statt daß ich drunter leide,
gereicht es mir zur Augenweide.«
In des Mondes Maulbeer-Licht
Tango tanzend, im Gerangel,
merkt der Quangel-Wangel nicht,
daß er eingeht ins Gedicht.

*Der Dong mit seinem Nasenlicht*

Wenn wild die Winterstürme brullen,
wenn sich in eisiges Schweigen hüllen
    die endlosen Steppen von Khumpf;
wenn schwarze Wolkenfelder brüten
und, wie in grauenvollen Mythen,
    die Elemente trostlos, dumpf
und donnernd in der Ferne wüten –

Wenn jede Hoffnung scheint versunken,
dann zeigt sich – Was ist das? – ein Funken!
  Es leuchtet auf ein Silberstrahl!
Es dringt hervor mit Himmelsmacht
in meteorengleicher Pracht
  und schimmert über Berg und Tal
durch die kohlrabenschwarze Nacht –

Ein Licht im Dunkeln, das verweilt,
das huscht und flackert, zaudert, eilt,
und das im tiefsten Dickicht funkelt,
dort, wo die Runkelwicke runkelt.
Wo immer jetzt, zur Mitternacht,
ein Türmer Ausschau hält und wacht,

da rührt er eifrig seinen Gong
und ruft: »Der Dong ist da! der Dong!
Schon kommt er näher! Seht ihr's nicht?
Der Dong mit seinem Nasenlicht!«

Einst war er sorglos und vergnügt,
doch hat's das Schicksal so gefügt,

daß er sich hemmungslos und blind
verliebte in ein Schuggelkind.
Bekanntlich segeln kreuz und quer
die Schuggelkinder übers Meer;
und eines Tags, am Runkelstrand,
da gingen singend sie an Land.
Wie spitzte da der Dong sein Ohr!
Sie aber fragten sich im Chor:

*»Ja, warum sind wir wohl so kühn?*
*Was ist's, das uns zum Schuggeln trieb?*
*Unsre Hände sind blau, unsre Köpfe sind grün,*
*und wir schuggeln auf unserm Sieb.«*

Doch ach! Wie schnell verging die Zeit
der Schuggelkinder-Herrlichkeit!
Der Dong blies wild und wunderbar
auf der Schalmei zum Ringelspiel,
dem schönen Schuggelkind zulieb
mit blauer Hand und grünem Haar,
das ihm nur allzugut gefiel,
und dem er stets gewogen blieb.

Doch leider wandte sich das Blatt,
sobald den öden Strand von Khumpf
die Schuggelkinder hatten satt.
Da schlug die Abschiedsstunde dumpf,
und sie schuggelten übers Meer.
Der Dong kam sich verlassen vor,
er seufzte tief, sein Blick war leer,
er summte leis den Schuggel-Chor:

*»Doch warum waren sie so kühn?*
*Was wohl die wilden Schuggler trieb?*
*Ihre Hände sind blau, ihre Köpfe sind grün,*
*und sie schuggeln auf ihrem Sieb.«*

Erst, als der Herbst den Wald entlaubt,
erhob der Dong sein müdes Haupt
und machte sich mit letzter Kraft
auf seine lange Wanderschaft.
Schrill Schalmeienklänge blasend,
suchte er, vor Sehnsucht rasend,
in Sturm und Eis, in Nacht und Wind,
sein längst entschwundnes Schuggelkind.

Um, im Dunkeln, es zu finden,
schuf er sich, aus Runkel-Rinden,
eine wunderbare Nase,
die, infolge ihrer Maße,
einzigartig war und blieb.
Was fortan der Dong auch trieb,
rot bemalt und festgezurrt
am Hinterkopf mit einem Gurt,
vorne kugelrund und hohl,
außen hie und da durchlocht,
innen drin ein Lampendocht,
spendet ihm die Nase wohl
überall, man glaubt es nicht,
ein bemerkenswertes Licht.

Die Nacht ist lang, der Mond scheint stumpf
auf die endlosen Steppen von Khumpf,
doch schlaflos bläst auf der Schalmei
der Dong und fragt sich, wo es sei,
in Sturm und Eis, in Nacht und Wind,
sein längst entschwundnes Schuggelkind.
Er sucht und sucht, er findet's nicht,
der Dong mit seinem Nasenlicht.

Wo immer nun, um Mitternacht,
ein Türmer Ausschau hält und wacht,
da ruft es: »Seht den Silberstrahl!
Dort in der Ferne, tief im Tal –

Das ist der Dong! Er rastet nicht,
er sucht, bis daß der Tag anbricht.
Es ist der Dong – wer wüßt es nicht? –,
der Dong mit seinem Nasenlicht!«

*Der Yonki-Bonki-Boo.*
*Ein Liebesdrama*

1

An der Koromandel-Küste,
tief im schönsten Bohnenstroh,
und auf lauter Zuckerwatte,
schlief der Yonki-Bonki-Boo.

Eine Richard-Wagner-Büste,
ein Yo-yo in einer Kiste:
dies war alles, was er hatte.
Außer etwas Zuckerwatte
war es alles, was er hatte.
Armer Yonki-Bonki-Boo,
armer Yonki-Bonki-Boo!

2

Eines Tages sah den wackern
Eremiten Yonki-Boo
still, als ob er Kummer litte,
spielen man mit dem Yo-yo.
Plötzlich hörte er es gackern,
sah ein Mädchen ab sich rackern
mit drei Hühnern, und Brigitte
sah er in der Hühner Mitte
(denn sie nannte sich Brigitte):
Obacht, Yonki-Bonki-Boo,
Obacht, Yonki-Bonki-Boo!

3

Diese seltene Erscheinung
sah der Yonki-Bonki-Boo
mit Entzücken und mit Beben,
und entbrannte lichterloh.
»Schluß mit meiner Welt-Verneinung!
Es ist meine feste Meinung:
Ohne dich kann ich nicht leben!
Deshalb bitt' ich ganz ergeben,
schließen wir den Bund fürs Leben!«,
sprach der Yonki-Bonki-Boo,
sprach der Yonki-Bonki-Boo.

4

»An der Koromandel-Küste
lebt sich's sorgenfrei und froh,
und du wirst nicht darben müssen«,
sprach der Yonki-Bonki-Boo.
»Dein sei mein Yo-yo samt Kiste,
dein die Richard-Wagner-Büste;
ferner wimmelt's hier von Nüssen,
Trauben, Feigen, Leckerbissen,

und von anderen Genüssen«,
sprach der Yonki-Bonki-Boo,
sprach der Yonki-Bonki-Boo.

5

Weinend äußerte Brigitte:
»Zwar Ihr Antrag stimmt mich froh,
doch was mir im Busen tobt,
das zu schildern, Yonki-Boo,
ach! erlassen Sie mir bitte,
weil es mir das Herz abschnitte.
Denn es ist zu spät! Gelobt
sei der Sturm, der mich durchtobt –
und verflucht! Ich bin verlobt,
lieber Yonki-Bonki-Boo,
lieber Yonki-Bonki-Boo!«

6

»Ach, wenn das mein Siegfried wüßte!
(Firma Siegfried Gacks & Co.,
Groß- und Kleinversand von Eiern.)
Lieber Yonki-Bonki-Boo,

Sie behalten Ihre Kiste,
Ihr Yo-yo und auch die Büstc,
und wir wolln mit weichen Eiern
– Siegfried schickt sie mir aus Bayern –
ewig keusche Freundschaft feiern!
Lieber Yonki-Bonki-Boo,
lieber Yonki-Bonki-Boo!«

7

»Und doch find ich's niederträchtig,
ungehörig, herzlos, roh,
Ihnen einen Korb zu geben,
armer Yonki-Bonki-Boo!
Zwar Ihr Kopf ist dick und prächtig,
doch ansonsten sind Sie schmächtig,
und es bleibt Ihr Hütchen eben
knapp auf Ihrem Scheitel kleben.
Ach, wie grausam ist das Leben,
armer Yonki-Bonki-Boo,
armer Yonki-Bonki-Boo!«

8

Als, infolge seiner Nöte,
in die Wildnis er entfloh,
wo die wilde Brandung brüllt,
sprach der Yonki-Bonki-Boo:
»Besser ist's, wenn ich mich töte.«
Da rief die Karett-Schildkröte:
»Unsinn! Alles halb so wild!
Schwimm, auf meinem Krötenschild,
in ein grüneres Gefild!
Vorwärts, Yonki-Bonki-Boo,
vorwärts, Yonki-Bonki-Boo!«

9

Und so fand zuletzt gerade
unser armer Yonki-Boo,
fern von Siegfried Gacks' Brigitte
ein idyllisches Gestade.
»Sicher fändest du es schade«,
sprach er, »wenn ich weiterlitte.

Das ist hierzuland nicht Sitte.
Darum: Lebewohl, Brigitte!«
sprach der Yonki-Bonki-Boo,
sprach der Yonki-Bonki-Boo.

10

An der Koromandel-Küste
endete die Sache so,
daß Brigitte sich verzehrte
nach dem Yonki-Bonki-Boo,
und, indem sie weinend küßte
seine Richard-Wagner-Büste
und von Eiern sich ernährte,
daß sie rief: »O mein Gefährte,
der zu spät von mir Begehrte,
lieber Yonki-Bonki, wo
bist du, Yonki-Bonki-Boo?«

*Zwei alte Junggesellen*

Zwei alte Junggesellen, die kamen einst nach Haus.
Der eine fing ein Brötchen, der andre eine Maus.
Da sprach der mit dem Brötchen zu jenem mit der Maus:
»Das trifft sich gut! Wir haben nämlich nichts im Haus;
wir haben keinen Groschen, wir haben keinen Heller,
und außer Käserinden nichts als leere Teller.
Wir brauchen was zu knuspern, wir brauchen einen Schmaus,
sonst fallen uns die Zähne und die Augenwimpern aus.«

»Wir könnten doch die Maus hier in kleine Stücke hacken,
mit Semmelteig verrühren und Prophetenkuchen backen!«
So sprach der mit der Maus zu jenem mit dem Brötchen
und schnupperte schon gierig an den weichen
Mausepfötchen.
»Du reibst geschwind den Käse, während ich die Semmel
knet.
Dann fehlt uns nur noch eines, nämlich ein Prophet.
Den brauchen wir als Füllung. Wie kommen wir zum Ziel?
Du weißt, im eignen Lande gilt ein Prophet nicht viel.«

Da sprach der mit dem Brötchen zu jenem mit der Maus:
»Das beste ist, wir wandern ins Hochgebirg hinaus.
Dort, in den Felsenhöhlen, sieht man sehr oft Propheten
beim Schreiben und beim Lesen, beim Grübeln und beim
Beten.
Man muß sie nur geschwinde bei ihren Knöcheln packen,
geschickt zu Boden werfen und in tausend Stücke hacken.
Dann wär' die Füllung fertig, mit Pfeffer abgeschmeckt,
mit Käse überbacken, und rasch den Tisch gedeckt!«

Zwei alte Junggesellen, die erkletterten am Seile
die steilen Felsenwände in ganz unerhörter Eile,
und auf dem Gipfel trafen sie tatsächlich den Propheten
beim Lesen eines Buches an, und fragten ihn betreten:
»Verzeihen Sie die Störung, doch wir möchten Sie ersuchen,
uns freundlichst auszuhelfen als Füllung für den Kuchen.
Verdienstvoll wär's, und edler, als hier herumzulungern.
Wir äßen Sie nur deshalb auf, weil wir sonst verhungern.«

Zwei alte Junggesellen, die hörten einen Fluch
und sahen den Propheten sein zentnerschweres Buch
zu ihren Häupten schwingen; sie duckten sich – egal!
Es krachte! Schwer getroffen, rollten sie zu Tal
und purzelten wie Kugeln bis vor ihr eignes Haus:
Gefressen war das Brötchen, entflohen war die Maus.

Zwei alte Junggesellen, die tauschten einen Blick,
verließen ihre Heimat, und kehrten nie zurück.

## *Onkel Jobst*

1

Ach, mein alter Onkel Jobst!
Saß auf einem Haufen Obst,
müde war er, ging zur Ruh,
als sich in der Abendstille
niederließ auf seiner Brille
eine erbsengrüne Grille.
(Nur: es zwickte ihn sein Schuh.)

2

Einst, als Jüngling und Verschwender,
reiste er in ferne Länder –
denn er war ein Springinsfeld –,
um an Sonnenuntergängen
sich zu laben und den Klängen
fremder Lieder nachzuhängen,
lauschend unterm Himmelszelt.

3

Nach Verschwendung seines Erbes
und zum Zweck des Broterwerbes
   bracht' er auf der Wanderschaft
Kindern bei, zu buchstabieren,
krabbelte auf allen vieren
und ging, schlimmstenfalls, hausieren
   mit Dr. Sörgels Hustensaft.

4

Bis, die Brille auf der Nase
etwas Helles er im Grase
   (und beim Zirpen einer Grille)
fand, als er zu Boden starrte:
es war eine Bahnsteigkarte.
Bückte sich, und das aparte
   Heimchen sprang auf seine Brille.

5

Niemals, nie und nimmerlich
ließ ihn dieses Tier im Stich;
   nein, man hörte immerzu

es von meines Onkels Brillen
wie von Abertausend Grillen
schnarren, zirpen, summen, schrillen.
(Nur: es zwickte ihn der Schuh.)

6

Erst nach dreiundzwanzig Jahren
sah man ihn, mit weißen Haaren
(nur: es zwickte ihn der Schuh),
ohne viel zu lamentieren,
krabbelnd und auf allen vieren
nach Bad Heppenheim spazieren,
seiner alten Heimat zu.

7

Dort, auf einem Haufen Obst,
starb mein alter Onkel Jobst,
legte sich zur ewigen Ruh,
wo die treue Grille harrte
und ein Trauerliedchen schnarrte
neben seiner Bahnsteigkarte.
(Nur: es zwickte ihn sein Schuh.)

# *Nachrede*

Mit allem, was ein Mensch braucht, um wahnsinnig zu werden, war Edward Lear zeit seines Lebens wohlversehen. Nach Auskunft der *Encyclopædia Britannica,* die ihn einen Humoristen nennt, ist er am 12. Mai 1812 in London geboren. Es gehört nicht zu den Aufgaben eines Lexikons, gewisse Details zu überliefern. Edward war ein unerwünschtes Kind, das zwanzigste und vorletzte einer langen Reihe von Neugeborenen, von denen die meisten bald und ohne Aufsehen wieder verschieden sind. Der Vater, ein Börsenmakler, geriet, als der Junge vier Jahre alt war, in Zahlungsschwierigkeiten; er scheint von seinem Sohn kaum Notiz genommen zu haben. Die Mutter wiederum, erschöpft, verbittert und ausgelaugt von der barbarischen Idylle des Familienlebens, war vor allem darauf bedacht, ihre Kinder loszuwerden. Lear wurde schon als Schuljunge aus dem Haus der Eltern entfernt und einer Schwester anvertraut, die einundzwanzig Jahre älter war als er, und die, völlig an den kleinen Bruder fixiert, als vereinsamte alte Jungfer starb.

Mit fünf Jahren erlitt der »Humorist« seinen ersten epileptischen Anfall; später überfiel ihn die ererbte Krankheit bis zu zwanzigmal im Monat. Vor jedermann, auch vor seinen engsten Freunden, hat er seine Fallsucht ängstlich geheimgehalten, weil er mit ihr obskure und abergläubische Schuldgefühle verband: sie erschien ihm als Strafe für seine sexuellen Regungen und Wünsche, die sich früh auf das eigene Geschlecht richteten. Diese Neigung hat Lear sein Leben lang zu verleugnen gesucht. Selbst in den intimen Tagebüchern, die er hinterlassen hat, ist nur in verschleierter Form davon die Rede. Die Folge war, daß Lear sich zu lebenslänglicher Einsamkeit verurteilt sah. Es ist kein Wunder, daß er unter schweren Depressionen litt. Manchmal verließ er tagelang das Bett nicht, und zeitweise soll er außerstande gewesen sein, zu arbeiten, weil ihm die Tränen über das Gesicht liefen. Überhaupt klagte er oft über sein mangelhaftes Augenlicht. Außerdem litt er an einer chronischen Form von Bronchial-Asthma, einem Leiden, dessen psychosomatischer Ursprung auf der Hand liegt. Er fürchtete sich vor dem Winter, klagte über das englische Klima und ergriff jede Gelegenheit, seiner Heimat zu entfliehen. Den allergrößten Teil seines Lebens hat er in der Emigration zugebracht.

Es gibt genügend Porträts von Edward Lear, Zeichnungen und Photographien, die ihn so zeigen, wie er auch seinen Zeitgenossen erschienen ist: als einen stattlichen, eher großgewachsenen Mann mit dem introvertierten Blick des Kurzsichtigen; wollte man freilich seinen eigenen Schilderungen folgen, so wäre er ein skurriles Strichmännchen von exquisiter Häßlichkeit gewesen: die Nase knollenhaft-stubblig, der Leib eiförmig, die Beine storchendürr, die Augen so gut wie unsichtbar hinter einem riesigen Kneifer, und die winzigen Ärmchen hilflos rudernd wie die Flügel eines blinden Huhns. Diese Selbstdarstellungen mögen nicht frei sein von ironischer Koketterie, aber daß Lear sich für äußerst häßlich hielt, leidet keinen Zweifel. Die affektive Isolation, in der er lebte, ließ ihn immer wieder sehnsüchtig an die Ehe, also an das Unmögliche, denken. Mit fünfzig Jahren hatte er, wie sein Tagebuch zeigt, allen Ernstes vor, um die Hand einer etwas bläßlichen Dame namens Gussie Bethell anzuhalten; er brachte aber kein Wort seines Antrags über die Lippen und reiste unverrichteter Dinge wieder ab. Die Stoßseufzer in seinem Journal sind eigentümlich aus Erleichterung und Verzweiflung gemischt. Vierundzwanzig Jahre später, kurz vor seinem Tod, quält er sich, als Greis, noch immer mit diesem Heiratsprojekt, das nur in seiner Einbildung existiert: Gussie, die inzwischen geheiratet hat und verwitwet ist, besucht ihn überraschend in San Remo – aber auch diesmal bleibt ihm das Wort im Halse stecken.

Eines Nachmittags im Frühjahr 1879 besuchte Edward Lear eine gewisse Familie Bevan, und um die Kinder des Hauses zu unterhalten, die ganz manierlich ihren Fünf-Uhr-Tee tranken, setzte er sich ans Klavier und sang ihnen das Liedchen vom Yonki-Bonki-Boo vor:

An der Koromandel-Küste
endete die Sache so,
daß Brigitte sich verzehrte
nach dem Yonki-Bonki-Boo,
und, indem sie weinend küßte
seine Richard-Wagner-Büste
und von Eiern sich ernährte,
daß sie rief: »O mein Gefährte,
der zu spät von mir Begehrte,
lieber Yonki-Bonki, wo
bist du, Yonki-Bonki-Boo?«

Die Bevans, groß und klein, amüsierten sich sehr, bis sie gewahr wurden, daß Edward Lear, dieser Unglücksrabe, vor lauter unterdrücktem Jammer fast nicht zu Ende singen konnte. Es macht keinen Spaß, ein so trauriges Leben nachzuerzählen; und doch ist es nötig, davon zu sprechen, weil man die Kunst Edward Lears ohne den Gram, auf dem sie gewachsen ist, kaum verstehen kann. Seine virtuose und scheinbar mühelose Komik, die purzelbaumschlagende Munterkeit, der rückhaltlose Übermut, mit dem seine Verse daherkommen - das alles nimmt beinah heroische Züge an, wenn man den Zeit- und Lebenshintergrund kennt, von dem es sich abhebt. Edward Lear ist ein viktorianischer Held. Die Epoche, in der England zur Weltmacht wurde und in der zum ersten Mal der Kapitalismus eine Gesellschaft total ergriff, die Epoche der Weltausstellungen, der genialen Erfinder, der tollwütigen Unternehmer-Persönlichkeiten - diese Epoche hatte sich die gußeiserne Normalität, das unverbrüchliche Dekorum, den gepanzerten Anstand zum Grundsatz gemacht. Doch wer ihr von heute aus in die Augen sieht, den blickt der Irrsinn an. Diese großen Ingenieure - wie Brunel -, diese Experten der Menschenliebe - wie Florence Nightingale -, diese Missionare mit dem Bajonett - wie der General Gordon, diese genialen Mathematiker - wie Charles Babbage: diese Pornographen, Detektive, Salonmaler und Bischöfe, deren Gebeine die Westminster Abbey zieren, hätten ein ganzes Narrenspital füllen können, und ihre frenetische Produktivität, ihre ganzen Erfindungen, Konstruktionen, Entdeckungsreisen und Machwerke waren ebensoviele Ausflüchte, um der Klinik zu entrinnen. Die heutige Psychologie, die für alles einen Namen hat, würde sie vermutlich als Borderline-Fälle diagnostizieren. Schwere Neurotiker waren sie allesamt (wie denn überhaupt die Neurose eine Errungenschaft des Industrie-Zeitalters ist), und die Tatsache, daß sie alle miteinander »Persönlichkeiten« waren, ist diesen Menschenkindern wohl kaum zum höchsten Glück ausgeschlagen. Daß sie, diese psychisch Randständigen, den Ausbruch der offenen Psychose verhindern konnten, war kein Zufall, sondern eine Leistung, ja ein Kunststück.

Mit Edward Lears Künstlertum hatte es freilich eine eigentümliche Bewandtnis. Zu allen andern Plagen seines Lebens kam nämlich ein Leiden ganz besonderer Art, die Bargeldlosigkeit. Sie ist nicht mit der nackten Armut zu verwechseln. Dem Subproletarier leiht niemand Geld, und es fällt ihm nicht ein, irgendeinen Schein zu wahren, wenn er hungert und friert. Lears Ökonomie war die des Deklassierten, von Anfang an. Seine Eltern kamen nicht einmal für seine Ausbildung auf – sie hinterließen ihm nichts als die Zugehörigkeit zu einer Klasse, die sich schämte, kein Geld zu haben. Mit sechzehn begann Lear, ein paar Guineas zu verdienen, indem er Zeichenstunden gab, Holzschnitte und Kupferstiche kolorierte, und sein Broterwerb sollte dieses Handwerk bleiben, bis er den Pinsel nicht mehr halten konnte, weil seine Hand zu steif und zittrig geworden war. Im London des Jahres 1828 galt der soeben neu eröffnete Zoologische Garten im Regent's Park als letzter Schrei. Lear kaufte sich Papier und Wasserfarben und eilte in die Volière. Zwei Jahre später ließ er sein erstes Buch erscheinen: ein Portfolio mit handkolorierten Lithographien, auf denen die Familie der Papageien abgebildet war. Insgesamt publizierte er, auf eigene Rechnung und Gefahr, zwölf dieser Mappen, jede in 175 Exemplaren gedruckt. Die Tafeln sind überraschend gut gelungen, und das Werk gehört heute zu den Kostbarkeiten des Auktionsmarktes. Für den jungen Lear begann mit diesen Papageien jedoch eine unaufhörliche Schinderei.

Exotische Tiere waren im England der Regency Mode, und es gab private Haushalte, die sich eine eigene Menagerie hielten. Eins dieser großen Häuser war Knowsley, der Landsitz der Familie des Earl of Derby. Es wimmelte dort von Kindern, Enkeln, Verwandten, Jagdgenossen, Reitern, Gästen, Hunden, Affen und exotischen Kreaturen, und Lord Stanley of Derby, der wohl Lears Vogelschar bemerkt hatte, lud ihn ein, auf sein Schloß zu kommen und einen luxuriösen Katalog aller

Bewohner seiner Menagerie (abgesehen von den Menschen) in Angriff zu nehmen. Die aristokratische Gesellschaft, die sich langweilte, war von Lear begeistert, der sie alle unterhielt, besonders aber die Kinder. Fortan verfügte unser Künstler über gewisse Verbindungen, über Gönner und Bekannte aus den besten Kreisen. An sie hat er später seine Aquarelle verkauft, auch den einen oder andern Ölschinken. Es gab reizende Leute darunter, aber die meisten waren säumige Zahler, und Lears Status schwankte zwischen dem eines guten Freundes, dem eines Clowns und dem eines Bediensteten; das Brot, das er an der Tafel der großen Herren aß, muß ihm oft bitter geschmeckt haben; doch wäre er ohne ihre Gastfreundschaft, ohne ihr zerstreutes Interesse an seinen Handarbeiten vermutlich Hungers gestorben.

Einmal in seinem Leben kam Lear sogar mit jener majestätischen Person in Berührung, die dem Zeitalter seinen Namen gab. Im Sommer 1846 geruhte die damals siebenundzwanzig Jahre alte Queen den Künstler nicht weniger als zwölfmal zu empfangen. Sie betrachtete es nämlich als ihre Pflicht, alle ihre Fähigkeiten, auch die unscheinbarsten, auszubilden und so weit wie möglich zu vervollkommnen: in diesem Fall ging es ums Zeichnen. Die königliche Schülerin war mit ihrem

Lehrer hochzufrieden, und dieser unterhielt sich mit ihr, wie der folgende Dialog zeigt, mit der allergrößten Unbefangenheit.

Lear (indem er neugierig und entzückt die kostbaren Nippes im Buckingham Palace betrachtet): Wo haben Sie nur all diese herrlichen Sachen her?

Victoria (mit unbewegter Miene): Ich habe sie geerbt, Mr. Lear.

Mit fünfundzwanzig Jahren treffen wir unsern Künstler in einem Dachboden der Via del Babuino an. Er ist dem Kohlenstaub, den Geldnöten, der Feuchtigkeit Englands entflohen. Aber nicht nur seinen Bronchien bekommt die römische Luft; auch seine prekäre soziale Situation, zwischen Bohème und Aristokratie, Boarding-house und Schloß, läßt sich hier leichter ertragen; denn es ist ausgesprochen chic, den Winter im Süden zu verbringen. Im Kolosseum und auf dem Kapitol hört man mehr englisch als italienisch reden. Eine gänzlich neue Erscheinung macht sich rings um das Mittelmeer bemerkbar: der Tourismus; und die englische upper class ist sein Schrittmacher. Sie flieht, schon damals, vor den Folgen der Industrialisierung, und schlägt ihre Winterquartiere in Korfu und Venedig, Rom und Nizza auf. Wenn es heute in jedem Nest ein Hotel Bristol gibt, wenn man noch nach dem Zweiten

Weltkrieg in Griechenland den Ausdruck οἵ λόρδοι (hoi lordoi) für ausländische Besucher hören konnte, so geht das auf jene erste Invasion von Touristen zurück, die übrigens mit der Ausdehnung des Empire eng zusammenhing. Auch das läßt sich an den jahrzehntelangen Wanderungen Lears ablesen. Die Ionischen Inseln waren englisches Protektorat, Malta eine Marinebasis, Ägypten lag in der Einflußsphäre Londons, der britische Botschafter in Athen schaltete wie ein Vizekönig, vor der palästinensischen und zypriotischen Küste zog der Flotte auf, und in Indien herrschte ohnedies die Kaiserin Victoria. Für einen Zeichner und Maler wie Lear, der zuhause im akademischen Geschäft der Ölmalerei keinen Fuß fassen konnte, öffnete sich mit dem Tourismus ein völlig neuer Markt: er wurde »topographischer Landschaftsmaler« und lieferte den Reisenden, zu bescheidenen Preisen, aquarellierte Souvenirs. Davon hat er fünfzig Jahre lang gelebt. Es war eine Knochenarbeit. Reden wir nicht mehr davon!

Reden wir lieber von dem, was Edward Lear zu einem kaum verwüstlichen, immergrünen Nachruhm verholfen hat, von seinem Kompletten Nonsense. Falls jemand nicht wissen sollte, was darunter zu verstehen sei, so wird er es auch aus den in Deutschland eingeübten Definitionen kaum erfahren: »Absurde Gedankenverbindung« (Meyer); »törichtes Gerede« (Duden); »Unsinn, leerer Wortschwall« (Dr. Karl Friedrich Dobel, evangelischen Stadtpfarrers in Kempten *Verteutschungsbuch der in unserer Sprache gangbaren fremden Wörter und Redensarten, nach der Buchstabenfolge geordnet,* 1833). Gangbar also immerhin schon damals, am 10. Februar 1844, als, auf seine eigene Kosten, doch ohne seinen Namen auf den Titelblättern, Edward Lear zwei kleine Heftchen erscheinen und zu jeweils drei Shilling und Sixpence verkaufen ließ: *A Book of Nonsense,* by Derry down Derry, stand auf dem Umschlag. Diese siebzig Verschen und Strichzeichnungen sind der Anfang der Nonsense-Literatur.

Inzwischen gibt es natürlich Habilitationsschriften darüber, und auf den Auktionen werden absurde, törichte und unsinnige Preise für die von Kinderdaumen zerpflückten Überreste viktorianischer Belustigungen gezahlt. Die Form, derer der Dichter sich bediente, ist der Limerick. Lear hat diese Bezeichnung nicht gekannt und nie benutzt. Er ist somit zum Klassiker einer Gattung geworden, von der er nicht einmal den Namen wußte. Auch das eifrige Wühlen der Wissenschaft im Moder der Vergangenheit hat keine besonderen

Trüffeln zutage gefördert; nur soviel, daß Lear, vermutlich in der Kinderstube von Knowsley, auf ein chap-book (so hießen im England des neunzehnten Jahrhunderts die Comics) gestoßen sein muß, das den Titel trug: *Anecdotes and Adventures of Fifteen Gentlemen.* Das Schema, nach dem Lears Nonsense fortrappelt, ist hier schon vorgegeben. In der ersten Zeile erscheint der Held (oder die Heldin) des Reimes, meist nur durch einen Herkunftsort charakterisiert; in der zweiten folgt eine Tathandlung, oft genug eine, die mit dem Scherz Entsetzen treibt, oder umgekehrt; in den folgenden Kurzzeilen dominiert meist die Reaktion der Außenwelt. Im Gegensatz zu seinem Vorbild jedoch, wo die letzte Zeile meist eine Pointe bringt, läßt Lear sein Gedicht dorthin zurückmünden, wo es begonnen hat.

»Gerade darin«, liest man in einem scharfsinnigen kleinen Aufsatz von Klaus Reichert, »daß es sie nicht gibt, liegt die Pointe. Die fünfte Zeile des Limericks, die sie zu leisten hätte, repetiert bei Lear in der Regel die erste . . . Das psychisch Derangierte wird durch den Zirkel lakonisch auf sich selbst zurückverwiesen. Der Zirkel, der von der Person Lears klinisch sich verstehen ließe, erfährt aber noch seinen Sinn im Sozialen. Ein Großteil der Limericks konfrontiert eine in

jeder Hinsicht ungewöhnliche Figur mit den unübersetzbaren ›They‹. Sie, die Andern, die Leute, das hydraköpfige Man, sie sind es, die die Vereinzelung des Protagonisten durch ihre Gleichgültigkeit allererst zu einer ausweglosen machen. Daher kommt es, daß die Gestalten Lears die verzweifelte Stumpfheit von Irren haben; nicht mehr ansprechbar sind; in ihren Tick sich hüllen wie in einen Königsmantel; aber es ist der Mantel eines vertriebenen Königs, und er haust dort, wo es gleich ist, ob einer lacht oder weint.«
Von einer derartigen Lektüre Lears waren die Zeitgenossen allerdings weit entfernt. Hätten sie geahnt, daß diese Verse verbotene Nachrichten aus dem psychischen Untergrund der Epoche mitbrachten, daß Lears Zeichnungen, diese »flüchtig hingemalten Männchen« (um mit Daniel Paul Schrebers *Denkwürdigkeiten* zu sprechen), nichts als winzige Vogelscheuchen waren, dem Wahnsinn entgegengehalten – sie hätten Lears Hervorbringungen kaum arglos ihren Kindern in die Hand gedrückt und sich dafür, wie die folgende Geschichte, vom Autor selbst erzählt, beweist, auch noch bedankt, wenngleich, versteht sich, nicht bei unserm Nonsense-Hiob: »Vor ein paar Tagen fuhr ich mit der Eisenbahn zu meiner Schwester. Ein Herr im Zug erklärte zwei mitreisenden Damen,

deren Kinder mein *Book of Nonsense* in den Händen hielten, daß es Tausende von Familien gebe, die dem Autor dieses Buches zu größtem Dank verpflichtet seien (worin ich ihm ganz und gar beipflichte). Leider wäre es nicht allgemein bekannt, wer dieser Autor sei – doch handle es sich, im Vertrauen gesagt, um Lord Derby. Dieser Behauptung ließ der Herr eine kleine Demonstration folgen, aus der ich endlich erfuhr, warum diese Vermutung immer wieder in den Zeitungen aufgetaucht war. Edward Earl of Derby nämlich (fuhr der Herr fort) hat es vorgezogen, das Buch nicht unter seinem Namen zu veröffentlichen; doch, wie Sie hier sehen können, hat er dabei seiner Herkunft gedacht: Sie brauchen nur die Buchstaben des Wortes LEAR umzustellen, und Sie sehen gleich, was dabei herauskommt, nämlich EDWARD EARL. – Als ich das hörte, konnte ich nicht an mich halten; ich mischte mich in die Unterhaltung ein. »Sie irren, mein Herr«, sagte ich, »denn ich habe gute Gründe, Ihnen zu versichern, daß es Edward Lear, der Maler und Schriftsteller war, der dieses Buch verfaßt und illustriert hat.« – »Und ich«, erwiderte er mir, »habe gute Gründe, zu wissen, daß Sie auf dem Holzweg sind. Eine Person namens Edward Lear gibt es nämlich gar nicht.« – »Und ob es sie gibt!« sagte ich. »Edward Lear, der bin ich selber, und dieses Buch da ist von mir.« Daraufhin fing das ganze Abteil zu lachen an; sie dachten offenbar, sie hätten es mit einem Verrückten zu tun, oder mit einem Aufschneider. Da nahm ich meinen Hut ab und zeigte ihn herum, mit der Inschrift EDWARD LEAR im Hutband und meiner Adresse drauf, alles in großen Buchstaben; ja ich zog sogar meine Visitenkarte hervor und ein Taschentuch mit meinen Initialen: woraufhin diese gänzlich umnachteten Individuen von dem größten Erstaunen ergriffen und verschluckt wurden, und woraufhin ich sie ihrer reumütigen Raserei überließ, so daß sie fortan in aller Ruhe mit den Zähnen knirschen konnten.«

Seit ungefähr zweihundert Jahren hegt in Europa eine bestimmte Bevölkerungsgruppe, die der sogenannten Erwachsenen, die abergläubische Vorstellung, es gebe so etwas wie eine Kinderliteratur. Das ist natürlich, wie alle Kinder wissen, ein ausgemachter Blödsinn. Ob ein Mensch mit den Geschichten aus Tausendundeiner Nacht oder mit Becketts *Endspiel* etwas anfangen kann oder nicht, hängt keineswegs von seinem Alter ab. Das begreift jeder, mit Ausnahme der Pädagogen. Für die Kinder aber ist es immer vorteilhaft, wenn ihre Erzieher sich allen möglichen Illusionen hingeben. Die Vorstellung, gewisse Bücher seien kindertümlich, erbaulich

und harmlos, hat es möglich gemacht, daß wunderbar giftige, gefährlich tolle, fabelhaft zersetzende Werke wie *Gullivers Reisen,* wie der *Struwwelpeter,* wie *Alice in Wonderland* uns alle schon im zartesten Alter betäuben und verderben durften. Auch Edward Lears unaufhaltsamer Erfolg wäre nicht möglich gewesen ohne die Arglosigkeit der bürgerlichen Zensur und ohne die träumerischen Ahnungen seiner jüngsten Leser.
Andererseits wäre Lear nicht Lear gewesen, wenn ihm die Welt seinen Erfolg gegönnt hätte. Nicht nur ließ dieser lange auf sich warten: nach der ersten Auflage krähte kaum ein Hahn, und die zweite, stark erweiterte, trat erst nach fünfzehn Jahren ans Licht; sondern er wurde ihm auch vergällt durch die Schamlosigkeit und die gemeine Geldgier seines Verlegers. Es lohnt sich, die Geschichte zu erzählen, schon damit der Fluch der Nachwelt den Schuldigen trifft.
Lear bot sein Manuskript, das nunmehr unter seinem eigenen Namen erscheinen sollte, dem Verlag Routledge & Warne an, der es ablehnte, weil ihm die Herstellung der Klischees für die Reproduktionen zu teuer war. Lear, der wie immer in Geldverlegenheiten war, ließ sich nicht abschrecken, ging zu dem Drucker Dalziel und gab ihm den Auftrag, nach seinen Zeichnungen Holzschnitte anzufertigen, das

Buch zu setzen, zu drucken und zu binden – alles, versteht sich, auf Kosten des Autors, der kein Geld hatte. Als die Auflage fertiggestellt war, erklärte sich Routledge bereit, tausend Exemplare in Kommission zu nehmen, natürlich gegen eine starke Vergütung. Sie wurden mühelos bis auf das letzte Stück verkauft. Nun wollte der Drucker sein Geld, aber Routledge weigerte sich, zu zahlen. Schließlich machte der Verlag dem Autor ein erpresserisches Angebot: 125 Pfund Sterling für Erstauflage und Copyright. Es blieb Lear nichts übrig, als auf den Handel einzugehen. »Heute bin ich in die Stadt gegangen,« schreibt er an eine seiner aristokratischen Gönnerinnen, »um das Geld einzuzahlen, das ich für mein Nonsense-Buch bekam. Ohne Zweifel kommt es selten vor, daß ein Künstler Geld auf die Bank bringt, denn die City war schwarz vor lauter Kutschen und Leuten – eine solche Sensation rief das Ereignis hervor.« Noch zu Lebzeiten Lears erlebte das Buch nicht weniger als neunzehn Neuauflagen. Routledge hat ihm dafür keinen Pfennig Honorar bezahlt.

Nach einer jahrzehntelangen Wanderschaft, die ihn durch Italien und Griechenland, Albanien und Ägypten, Palästina und den Libanon, Indien und Ceylon führte, von der er in einer ganzen Reihe von Reisebeschreibungen Nachricht gab, und die er in Tausenden und Abertausenden von Aquarellen verewigte, um zu essen; nachdem er, außer seinen Limericks, Balladen und Lieder, Geschichten und Alphabete, ja sogar Kochrezepte und eine Nonsense-Flora schrieb und zeichnete, um nicht verrückt zu werden, zog er 1872 mit seinem albanischen Diener Giorgio Kokali, der ihm fast ein Menschenalter hindurch, ohne zu murren, Kisten und Koffer, Malkasten und Zeichenblock, Feldstuhl und Schlafsack nachgetragen hatte, in eine auf Pump gebaute Villa in San Remo an der Riviera ein, wo er noch weitere sechzehn Jahre lang, ziemlich vereinsamt und etwas sonderbar, weitermalte und weiterreimte, oft auch nur tagelang an die Decke starrte, und dies alles, ohne verrückt zu werden, bis er an einem Sonntag im Jahre 1888 starb.

Venedig, im Februar 1977 *Hans Magnus Enzensberger*

*Postskriptum*

Der Titel dieser deutschen Lear-Ausgabe ist nicht ganz buchstäblich zu verstehen. Zwar bringt sie fast alle Reime und Lieder, die der Dichter hat drucken lassen, doch absolut komplett ist sie nicht. Ich hatte keine Lust, ihm einen philologischen Grabstein zu setzen. Einige Balladen waren mir zu dumm, andere haben meinen Künsten widerstanden. Das ist insofern nicht verwunderlich, als es sich hier um ein durch und durch unübersetzbares Œuvre handelt. Ich habe deshalb meine Arbeit, wie der Untertitel sagt, als die eines Schmugglers aufgefaßt, dem auch Schleich- und Pascherwege recht sein müssen, Hauptsache, er bringt das eingeschwärzte Gut ans Ziel. Mit Vergnügen habe ich die wenigen Hilfsmittel ergriffen, die uns die eigene Tradition dabei zur Hand gibt. Das sind und bleiben in erster Linie die unsterblichen *Galgenlieder* Christian Morgensterns, deren Echo der geneigte Leser hie und da vernehmen wird.

Meine Textgrundlage waren die folgenden englischen Editionen:

*The Complete Nonsense of Edward Lear.* Edited and introduced by Holbrook Jackson. London 1947. Dreizehnte Auflage (!) 1975.

William B. Osgood Field, *Edward Lear on my Shelves.* München 1933 (Privatdruck).

Edward Lear, *A Book of Bosh.* Chosen by Brian Alderson. Harmondsworth 1975.

Für meine Nachbemerkung, zum Vergleich, und für Wißbegierige:

Angus Davidson, *Edward Lear: Landscape Painter and Nonsense Poet.* London 1938.

Vivien Noakes, *Edward Lear. The Life of a Wanderer.* London 1968 (mit einer Bibliographie).

*Edward Lear's Nonsense Verse.* (Fünfunddreißig Limericks.) Aus dem Englischen übertragen von H. C. Artmann. Nachwort von Klaus Reichert. Frankfurt am Main 1964.

*Inhalt*

*Herr Edward LEAR, der große Dichter,*
*schneidet hier für euch Gesichter.*
*Er reimt und zeichnet, tut sein Bestes,*
*ist auch so lieb und unterläßt es,*
*mit Fastenpredigten und Fibeln*
*euch anzuöden und zu zwiebeln.*
*O nein! es schneidet wundermild*
*durch Mark und Bein, in Wort und Bild,*
*die schönsten Traumgesichter hier*
*der große Dichter Edward Lear!*

*Einst wollte er sein Leben weihen*
*den Kakadus und Papageien.*
*Dann war er Lehrer bei der Queen.*
*Doch bald sah man ihn weiterziehn,*
*mit Haut und Haar, von Ort zu Ort.*
*In England lebt er ewig fort*
*durch eine Laune des Geschicks*
*als Klassiker des Limericks,*
*und zwar nicht nur auf dem Papier,*
*der große Dichter Edward Lear!*